超譯

논어의 말

超譯

논어의 말

論語之語

나가오 다케시 지음
유가영 옮김

samho MEDIA

인생을 충실하게 살아가는 방법

「논어論語」는 흥미롭다. 물론 배꼽 빠지게 웃기거나 드라마처럼 흥미진진하게 전개되는 그런 재미와는 다르다. 대신 우리는 「논어」에 실린 문장 하나하나에서 인생을 충실하게 살아가는 방법을 읽어낼 수 있다. 「논어」는 우리가 '자신감 넘치는 나', '좋아할 수 있는 나'로 성장하는 길을 알려 주며, '단 한 번뿐인 인생을 적극적으로 살아가는 것이 진정 보람 있는 삶'이라 말한다.

그렇기에 「논어」는, 답답하고 소통이 단절된 일상에서 갖가지 문제에 부닥치며 괴로워하는 현대인들에게 남다른 의미를 전할 수 있다. 최근 옛 선인들이나 부처의 말씀 등이 잔잔한 파장을 일으키고 있는 것 역시, 우리의 마음속 어딘가에서 이러한 가르침을 바라고 있기 때문일지도 모른다.

「논어」는 이천오백 년 전 중국의 사상가 공자孔子, 기원전 551~479 와 그 제자들의 언행이 담긴 어록이다. 공자의 신변에 얽힌 다양한 일화나 공자의 제자들에 관한 내용도 기록되어 있다. 하지만 대부분은 공자가 자신의 인생관이나 사회관, 우주관 등에 관하여 밝힌 내용들이 주를 이룬다.

공자는 '올바른 삶의 방식'이라는 인류의 가장 보편적이고 중대한 문제에 대하여 하나의 큰 해답을 제시한 인물이다. 이것이 곧 '유교'이며 유교의 본질을 설명한 경전이 바로 「논어」이다. 「논어」는 대부분 한 행이나 몇 행 정도의 극히 짧은 문장으로 구성되어 있으며 고대 중국어, 즉 한자로 기록되어 있다.

한국이나 일본 역시 유교와 한자의 영향을 많이 받았지만, 한자만으로 이루어진 문장을 제대로 이해할 수 있는 사람은 극히 드물다. 읽는 순서뿐만 아니라 끊어 읽는 부분조차 알기 어렵기 때문이다. 내용 자체도 매우 간략하고 함축적이어서, 글이 기술된 시대적 배경이나 역사적 사실의 이해 없이는 전달하는 의미를 제대로 알기 어려운 부분도 있다. 「논어」에 관한 수많은 학자들의 다양한 해석이 존재하는 것도 이 같은 특성으로 설명될 수 있다.

필자 역시, 「논어」 원문과 여러 학자들이 연구한 내용을 바탕으로 나름의 해석과 독자적인 의미를 부여하였다. 우선 각 한자의 음과 함께 그 뜻에 맞추어 끊어 읽을 수 있도록 표기를 덧붙이고, 공자에 얽힌 자료를 참고하여 공자의 의도를 더욱 면밀히 파악할 수 있도록 해석을 덧붙였다. 그리고 현대인의 생활과 사고방식에 보다 직접적으로 연관시킬 수 있도록 어휘 및 대상을 변경하여 약간의 설명을 더했다.

논어는 500장章의 글이 총 20편으로 나뉘어져 있으나, 여기에서는 그중 200장만을 다루고 있다. 또한 내용에 따라 하나의 장에서 일부만을 채택하여 나름의 의미를 담은 부분도 있다. 가능한 한 현대인들에게 유용한 조언들을 담기 위한 의도였는데, 이로 인해 기존의 번역들과는 다른 시각의 의미 부여가 이루어지기도 했다.

비록 전체가 아닌 부분으로 재구성된 내용이기에 전문全文이 전하는 감동과 의미를 모두 전달하지 못하는 한계는 분명 있을 것이다. 그러나 이와 같은 재구성으로 인해 보다 많은 사람이 부담 없이 「논어」를 접하는 계기를 마련할 수 있다면, 그것만으로도 충분하다는 것이 필자의 바람이다.

차분하고 여유 있게 음미해 보길 바란다. 「논어」를 통해, 현대를 살아가며 인생을 충실하게 채울 수 있는 바른 길이란 무엇인지, 사람들과 '함께' 살아간다는 것은 어떤 의미인지를 어렴풋이나마 알게 되었으면 한다. 그래서 공자가 그토록 귀중하게 여기던 '사람을 사랑하는 마음'을 공감하게 된다면 더 바랄 것이 없겠다. 인류의 보물인 「논어」가 독자들의 마음에도 깊이 간직되었으면 좋겠다.

나가오 다케시

「논어」는 총 10권짜리 책으로 한 권에 두 편씩 모두 20편으로 이루어져 있다. 그리고 각 편마다 다음과 같이 두세 문자로 이루어진 제목이 달려 있다.

그런데 이것은 각 편의 제1장 첫머리를 그대로 제목으로 쓰고 있을 뿐 특별한 의미가 담긴 것은 아니다. 예를 들어 제1편은 '자왈子曰, 학이시습지學而時習之…'로 시작하기 때문에 '학이學而'라고 명명한 것이다. 그리고 '자왈子曰'은 '공자께서는 이렇게 말씀하셨다'는 의미로, 각 장은 대부분 '자왈子曰'로 시작한다. 그렇기 때문에 '자왈子曰'은 첫머리에 있어도 제목으로 사용되지 않았다.

제 1 장 자신의 성장

제 2 장 일의 유의

제 4 장 **가족의 본질**

제 5 장 **배움의 진수**

제6장 리더의 신조

제 7 장 　교육자의 마음가짐

제 8 장 진정한 풍요로움과 정의

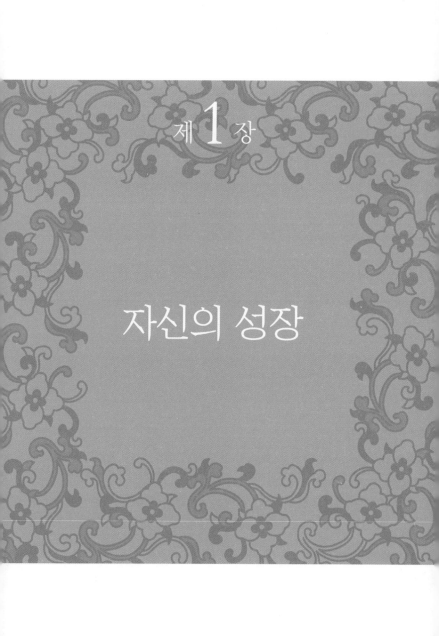

제 1 장

자신의 성장

成長之自

가장 이상적인 사람

──── 윗사람에게는 '그 사람이라면 무슨 일이든 안심하고 맡길 수 있다'고 인정받는 사람이 되어야 하고, 친구에게는 '이 친구라면 무조건 믿을 수 있다'고 신뢰받는 사람이 되어야 하며, 아랫사람에게는 '이분만 믿고 따라가면 된다'고 칭송받는 사람이 되어야 한다. 그것이 가장 이상적인 사람이다.

공야장 [公冶長] ■

老者安之, 朋友信之, 少者懷之.
노자안지하고 붕우신지하며 소자회지로다.

002 사랑받는 이의 진실

──────누구에게나 사랑받는 이가 반드시 훌륭한 사람이라고 할 수는 없다. 악인에게까지 사랑받고 있다면, 그는 고의든 타의든 모종의 악행에 가담하고 있음을 의미한다.

그렇기에, 좋은 사람들에게는 사랑을 받고 나쁜 사람들로부터는 미움을 받는 이가 실로 훌륭한 사람이다.

자로 [子路] ■

不如鄕人之善者好之, 其不善者惡之.
불여향인지선자호지요, 기불선자오지니라.

003
마음의 성장을
완성하는 세 가지

──────큰돈을 벌었다는 이야기에 판단력과 냉정함을 잃지 않는 것. 극복해야 할 난국에는 목숨을 걸고 맞설 각오를 하는 것. 오래전에 나눈 약속일지라도 잊지 않고 반드시 지키는 것. 이 세 가지를 행할 수 있다면 마음의 성장은 완성된 것이라고 할 수 있다.

헌문 [憲問] ■

見利思義, 見危授命, 久要不忘平生之言, 亦可以爲成人矣.
견리사의하고 견위수명하고 구요불망평생지언하면 역가이위성인의니라.

아첨만을 일삼는 사람은
이기주의자이다

───입에 발린 말이나 아첨만을 일삼는 사람, 허영에만 들뜬 사람은 다른 사람을 진심으로 사랑하지 않는다. 둘 다 '자신을 잘 꾸며서 상대방에게 잘 보이고 싶다'는 이기주의자에 지나지 않기 때문이다.

학이 [學而] ■

巧言令色, 鮮矣仁.
교언영색은 선의인이니라.

005

세월의 깨달음

──────내 나이 열다섯에, 사람의 마음이 성장하기 위해서는 배워야 한다는 것을 깨달았다. 서른 살이 되어서는 인생의 방향이 겨우 보이기 시작했다. 마흔 살쯤에는 인생의 목표가 확고해짐에 따라 망설임이 사라졌다. 쉰 살에는 '내 인생은 혼자만의 것이 아닌 타인을 위한 것이기도 하다'는 사명감을 갖게 되었다. 예순이 되니 나와 다른 인생관을 가진 사람을 만나도 '이런 삶의 방식도 있구나'라고 이해하며 반하지 않게 되었다. 그리고 일흔이 되자, 나의 욕망이 타인에게 전혀 피해를 주지 않게 되었다. 그래서 원하는 대로 자유롭게 살아도 세상의 규칙을 어기지 않게 되었다.

위정 [爲政] ■

吾十有五而志于學. 三十而立. 四十而不惑. 五十而知天命.
六十而耳順. 七十而從心所欲, 不踰矩.
오십유오이지우학하고, 삼십이립하고, 사십이불혹하고, 오십이지천명하고,
육십이이순하고, 칠십이종심소욕하되, 불유구호라.

006
체험으로 얻는 것

──── 첫째, 문학을 즐기고 감동을 음미한다. 둘째, 올바른
예를 따르며 사람들과 온화한 교류를 쌓는다. 셋째, 음악을 들
음으로써 책에서는 얻을 수 없는, 마음에 울려 퍼지는 아름다움
을 음미한다. 마음의 성장에 꼭 필요한 이 세 가지는 난해한 이
론으로는 얻을 수 없는 소중한 체험이다.

태백 [泰伯] ■

興於詩, 立於禮, 成於樂.
흥어시하고 입어례하고 성어락이니라.

007

하늘의 은혜를 배운다

———— 하늘이 무슨 말을 하겠는가. 아무 말도 하지 않는다. 하늘은 소리 없이 세상에 '계절'이라는 은혜를 베풀고 만물을 길러낸다. 그렇기에 사람은 늘 하늘에 감사한다.

우리 또한 하늘의 은혜를 배워야 한다. 입에 발린 말을 하기보다는, 평소의 행동만으로 타인에게 도움을 주고 감사를 받는 사람이 되어야 한다.

양화 [陽貨] ■

天何言哉. 四時行焉, 百物生焉.
천하언재시리오. 사시행언하며 백물생언하나니.

008
나의 이익은
누군가의 손해

──────── 이익만을 좇아 행동하면 다른 이의 원한을 사게 된다.
누군가의 이익은 분명 다른 누군가의 손해로 이어진다.

이인 [里仁] ■

放於利而行, 多怨.
방어리이행이면 다원이라.

예의범절의 기본은
검소함이다

──────예의범절의 기본은 거창하고 화려한 형식에 있기보다
는 차라리 검소한 마음가짐에 있다. 사치스러운 대접은 결국 허
영에 지나지 않는다. 검소함과 절약 정신을 가지고 만사를 대하
면, 불필요한 수고를 없애고 상대가 진실로 필요로 하는 것을
해 줄 수 있다.

팔일 [八佾] ■

禮與其奢也寧儉.
예는 여기사야는 영검이오.

010
가난을 부끄러워하는 자는
아직 부족하다

───────'올바르게 살고 싶다'고 말하면서도 가난을 부끄러워하는 자는 인생의 이야기를 나눌 벗으로는 부족함이 있다. 마음은 거짓이 아닐지라도 아직 체면치레가 남아 있다면, 올바른 인생을 살기 위해 힘차게 돌진하려는 각오가 부족한 것이다.

이인 [里仁] ■

士志於道, 而恥惡衣惡食者, 未足與議也.
사지어도 이치악의악식자는 미족여의야이니라.

011

조화를 이룰 때
비로소 돋보인다

─────순수함과 투박함만 있고 꾸밈이 전혀 없으면 미개하고 품위 없는 사람이 되기 쉽다. 반대로 순수함을 잃고 꾸밈이 과하면 겉모양은 아름답지만 내실이 없는 사람이 된다. 결국 양쪽 모두, 사람들에게 사랑받지 못하고 세상에 외면당한다.

그렇기에 내면과 외면의 어우러짐이 중요하다. 순수함을 잃지 않으면서도 주위에 불쾌감을 주지 않을 만큼 자신을 꾸밀 줄 알아야 자신이 가진 매력을 제대로 전달할 수 있다.

옹야 [雍也] ■

質勝文則野, 文勝質則史.
질승문즉야하고 문승질즉사하니.

012

어디에나
인생의 기쁨은 있다

──── 변변치 못한 음식과 물로 식사를 마치고, 밤이 되면 제대로 된 침구도 없이 구부린 팔을 베개 삼아 잠을 청한다. 이런 극한의 생활일지라도 바른 도리를 향해 떳떳하게 살아간다면 즐거움을 찾을 수 있다. 살아 있는 한 인생의 기쁨을 반드시 발견할 수 있다.

술이 [述而] ■

飯疏食飮水, 曲肱而枕之. 樂亦在其中矣.
반소사에 음수하고 곡굉이침지라도 낙역재기중의니라.

어리석기에
아무것도 보지 못한다

―――어리석은 자는 자신의 미숙함을 자각하지 못하기에 무슨 일이건 신중하지 못하다. 훌륭한 인물이 눈앞에 있어도 그 훌륭함을 보지 못하기에 아무렇지 않게 무례한 태도를 취한다. 인생의 귀중한 조언을 들어도 그 의미를 알지 못하기에 진지하게 듣지 않는다.

자신감만 앞서고 언제나 거만한 사람은 어리석은 사람인 것이다.

계씨 [季氏] ■

小人不知天命而不畏也, 狎大人, 侮聖人之言.
소인은 부지천명이불외야라 압대인하며 모성인지언이니라.

진정으로 훌륭한 사람

————"가난해도 다른 사람의 도움을 바라지 않고, 부유해도 으스대지 않는 사람은 훌륭한 사람입니까?"

"훌륭하다. 허나 힘들게 참으며 그리하는 것이라면 아직 마음의 성숙이 부족하다. 가난할지라도 평소의 생활을 즐기는 사람, 부유할지라도 저절로 예의를 지키는 사람이 진정 훌륭한 사람이다."

학이 [學而] ■

貧而無諂, 富而無驕, 何如. 可也. 未若貧而樂, 富而好禮者也.
빈이무첨하여 부이무교하면 하여하니잇고? 가야나. 미약빈이락하면 부이호례자야니라.

누군가를 설득하려면
먼저 본분을 다하라

――――하고 싶은 말이 있다면 먼저 본인의 소임을 마치고
난 후에 말하라. 그로써 그 말에 설득력이 부여된다.

위정 [爲政] ▨

先行其言, 而後從之.
선행기언이오, 이후종지니라.

016

걱정과 두려움의 근원

─────걱정거리는 자신에게 꺼림칙한 무언가가 있기에 생기는 것이다. 걱정의 근원을 밝혀 보면 대부분 스스로에게 그 원인이 있다. 달리 말해, 자기 내면에 어떠한 부끄러움과 꺼림칙함도 없다면 걱정과 두려움 또한 생기지 않는다.

안연 [顔淵] ■

内省不疚, 夫何憂何懼.
내성불구니, 부하우하구리오.

사람답게 살기 위한 조건

──────사람이 사람답게 살려면 먼저 정직한 마음이 있어야
한다. 정직한 사람만이 타인과 더불어 살 수 있으며 세상 속에
받아들여지고 행복에 가까워진다.

혹여나 정직하지 못한 이가 세상 속에 받아들여지고 있다면, 그
것은 단지 운이 좋았을 뿐이다. 멀지 않은 훗날, 반드시 참혹한
결과를 맞을 것이다.

옹야 [雍也] ■

人之生也直. 罔之生也, 幸而免.
인지생야직이니, 망지생야면, 행이면이니라.

018

나는 행복한 사람이다

―――――나는 행복한 사람이다.

왜냐하면 내가 잘못을 저지르면, 충고하고 꾸짖어 주는 이가 반드시 나타나기 때문이다. 그리하여 나는 잘못을 반성하고 고칠 수 있다. 만약 나 스스로 깨닫게 될 때까지 내버려 두면 언제까지 얼마나 많은 잘못을 저지를지 모를 일이다.

술이 [述而] ■

丘也幸. 苟有過, 人必知之.
구야행이로다. 구유과아든, 인필지지온여.

누구나 범하는 실수

————옳은 말을 들어도 쉽게 행동으로 옮기지 못한다. 틀렸음을 깨달아도 잘 고치지 못한다.

이 두 가지는 누구나 범하는 실수다. 그렇기에 우리는 늘 몸가짐과 언사를 살펴 이 같은 실수를 하지는 않는지 주의하고 또 경계해야 한다.

술이 [述而] ■

聞義不能徙, 不善不能改, 是吾憂也.
문의불능사와, 불선불능개가, 시오우야니라.

020
갑자기 닥치는
걱정거리란 없다

─────평소 자신의 미래에 관하여 생각해 두지 않으면, 별 안간 눈앞에 난처한 일이나 걱정거리가 나타난다.

그러나, 사실 이것은 불현듯 나타난 일이 아니다. 평소 주의 깊 게 살피고 앞날을 고려해 두었다면 충분히 예측할 수 있는 일 이다.

위령공 [衛靈公] ■

人而無遠慮, 必有近憂.
인이무원려면, 필유근우니라.

마음이 한결같은 사람

──────마음이 한결같은 이를 만나고 싶다.

없으면서 있는 체하고, 텅 비었으면서도 가득 찬 체하며, 좁은 소견을 가졌으면서도 넓은 견문을 지닌 양 허세를 부리는 것이 요즘 사람들의 모습이다. 자신의 삶을 있는 그대로 받아들이며 '인생은 이로써 충분하다'고 말하는 한결같은 마음을 지닌 이를 만나기란 좀처럼 쉽지 않다.

술이 [述而] ■

得見有恒者斯可矣. 亡而爲有, 虛而爲盈, 約而爲泰, 難乎有恒矣.
득견유항자면, 사가의니라. 망이위유하면, 허이위영하여, 약이위태니, 난호유항의니라.

022

말 속에 숨겨진 진의를
알아야 한다

──────아무리 훌륭한 말을 하는 사람이라도 그가 진정으로 훌륭한 사람, 즉 '군자'라고 단정할 수는 없다. 단지 언변이 뛰어난 것일 뿐 실상은 그렇지 않은 사람도 부지기수이다.

사람은 아무리 많이 배웠을지라도 교묘한 거짓말에 속아 넘어갈 수 있다. 말 속에 감춰진 악의를 꿰뚫어 보려면, 말의 포장에 현혹되지 않고 말에 담긴 의미를 곰곰이 되새겨 보아야 한다.

선진 [先進] ■

論篤是與, 君子者乎, 色莊者乎.
논독시여면 군자자호아, 색장자호아.

023
처음과 끝이
다른 이유

──────모종일 때는 튼실했던 싹이, 꽃도 피우지 못한 채 시들어 버린다. 아름다운 꽃을 피웠지만 열매를 맺지 못하고 시들어 버리는 나무도 있다.

사람의 성장 또한 이와 같아서, 노력을 게을리하면 어디서 어떻게 멈추어 버릴지 알 수 없는 일이다.

자한 [子罕] ■

苗而不秀者 有矣夫. 秀而不實者 有矣夫.
묘이불수자 유의부며, 수이불실자 유의부인저.

024

칭찬에 담긴 조언

───── 칭찬을 받으면 누구나 기뻐한다. 단, 그것을 단순히 기뻐하는 것으로 끝나면 무엇도 얻을 수 없다. 칭찬의 말 속에도 당신을 한층 성장시키는 날카로운 조언이 숨겨져 있다. 그것을 간파하는 것이 중요하다.

자한 [子罕] ■

異與之言, 能無說乎. 繹之爲貴.
손여지언은 능무열호아. 역지위귀니라.

자신만이
고칠 수 있는 병

————기분에 따라 말이 쉽게 변하는 사람은 마음이 견실하지 않은 병에 걸린 것과 다를 바 없다. 이 병은 아무리 영험한 기도로도, 아무리 뛰어난 명의의 치료로도 고칠 수 없다. 결국 주위 사람들로부터 미움을 얻고 버림받을 뿐이다.

이 마음의 병은 그들 스스로가 문제를 자각하여 고칠 때에야 비로소 완쾌될 수 있다.

자로 [子路] ■

人而無恒, 不可以作巫醫.
인이무항이면 불가이작무의라.

당신은
살아갈 자격이 있다

──────사회는 신뢰를 바탕으로 이루어진다. 그렇기에 신뢰가 없으면 인간관계도 사회도 성립되지 않는다. 즉 다른 사람에게 신뢰를 얻지 못하면 이 세상을 살아갈 자격이 없는 것이다. 그러나 단 한 명이라도 자신을 믿어 주는 사람이 있다면, 그것만으로도 당신은 살아갈 자격이 있다.

위정 [爲政] ■

人而無信, 不知其可也.
인이무신이면 부지기가야니라.

027
어리석음의 기준

──────진정 어리석은 사람은 그 근본에 정의로운 마음이 전혀 없기에 평생 단 한 번의 정의로운 행동도 하지 않는다.

바꾸어 말하면, 비록 훌륭한 사람은 아닐지언정 어떠한 계기로 단 한 번이라도 정의로운 행동을 한 사람은 어리석은 사람이 아니다.

헌문 [憲問] ■

未有小人而仁者也.
미유소인이인자야라.

눈앞의 악은
한시라도 빨리 멀리하라

──────뜨거운 물에 담근 손을 서둘러 빼듯이, 눈앞의 악은
한시라도 빨리 멀리하라.
나쁜 일과 계속 관계하면, 뜨거운 물에 끔찍한 화상을 입게 되
는 것처럼 스스로를 파멸로 몰아넣게 된다.

계씨 [季氏] ■

見不善如探湯.
견불선여탐탕하라.

029
빈곤 속에서도 온화함이 깃든 사람

————풍족한 재물을 지니고 있을지라도 사치를 부리지 않고 검소한 생활을 하는 것은 그리 어렵지 않다. 그러나, 빈곤함 속에서 다른 사람을 부러워하거나 원망하지 않으며 유유히 살아가는 것은 매우 힘든 일이다.

여유가 없을 때 온화한 마음을 갖는 사람이야말로 진정으로 훌륭한 사람이다.

헌문 [憲問] ■

貧而無怨難, 富而無驕易.
빈이무원난하고 부이무교이하니라.

물건을 훔치는 자만이
도둑은 아니다

————어려서는 천방지축으로 날뛰며 부모를 난처하게 만든다. 성인이 되어서도 제멋대로 굴며 타인에게 도움 되는 일은 전혀 하지 않는다. 늙어서는 주위에 폐를 끼치며 끈질기게 연명한다.

이는 법을 어긴 것은 아니지만 도둑과 진배없다. 자신의 생명을 훔치고 있기 때문이다. 사람의 생명은 누군가의 행복을 떠받치기 위해 하늘로부터 부여받는다. 그럼에도 불구하고 제멋대로 살아가는 것은 하늘로부터 생명을 훔치는 것과 같다.

헌문 [憲問] ■

幼而不孫弟, 長而無述焉, 老而不死, 是爲賊.
유이불손제하며 장이무술언이요, 노이불사가 시위적이라.

031 최악의 잘못

──── 사람은 누구나 잘못을 저지르지만, 그것을 뉘우치고 속죄하면 그 죄는 용서받을 수 있다. 그러나 잘못을 저지르고도 '벌금을 내고 싶지 않아'라는 탐욕이나 허세 때문에, 뉘우치거나 고치려고 하지 않으면 그 죄는 영원히 사라지지 않는다.

자신의 죄를 알면서도 없애지 않는 것이야말로 최악의 잘못이다.

위령공 [衛靈公]

過而不改, 是謂過矣.
과이불개가 시위과의니라.

실패한 사람이 모두
어리석은 것은 아니다

─────── 실패한 사람이 모두 어리석은 것은 아니다.

실패를 하고 자신과 타인을 난처한 상황에 몰아넣었음에도 속
죄하지 않는 사람, 실패한 후 진지하게 타개책을 고민하지 않고
타인을 원망하거나 추세에 의지하려는 사람이 진정 어리석은
사람이다.

계씨 [季氏] ▇

困而不學, 民斯爲下矣.
곤이불학이면 민사위하의니라.

033
마음에 품은
확고한 신념

─────정말로 단단한 칼은 아무리 갈고 닦아도 얇아지지 않는다. 정말로 흰 것은 아무리 검은 물을 들여도 검어지지 않는다. 진정으로 확고히 마음에 품은 신념이란 바로 그런 것이다. 어떠한 유혹이나 역경 앞에서도 절대 흔들리지 않는다.

양화 [陽貨] ■

不曰堅乎, 磨而不磷. 不曰白乎, 涅而不緇.
불왈견호아 마이불린이니라. 불왈백호아 날이불치니라.

034

가장 큰 불행

─────그저 배불리 먹기만 할 뿐, 후일은 전혀 생각지 않고 멍하니 하루를 흘려보낸다. 이 같은 생활은 사람다운 마음을 지니고 있는 것조차 어렵게 만든다.

풍족한 식사는 행복감을 준다. 하지만 행복에 취해 배움에 대한 열망이나 마음을 성장시킬 의지까지 망각해 버린다면, 그처럼 큰 불행이 없다.

양화 [陽貨] ■

飽食終日, 無所用心, 難矣哉.
포식종일하여 무소용심이면 난의재라.

선악을 가려내는
지혜가 필요하다

─────두려움 없이 나아가는 용기는 훌륭하다. 그러나 진정한 정의와 악을 구분하는 판단력을 겸비하고 있지 않으면, 모처럼의 용기는 악에 이용당할 수 있다.

용감한 사람일수록 선악을 가려내는 지혜가 필요하다.

양화 [陽貨] ■

君子有勇而無義 爲亂.
군자유용이무의면 위란이요.

036

인생 최대의 행복

─────오늘 아침, 사람으로서 올바른 삶의 방식을 이해하고 납득할 수 있다면 그날 저녁에 죽더라도 만족한 인생을 살았다 말할 수 있다.
올바른 삶의 방식을 깨달았을 때의 기쁨이야말로 인생 최대의 행복이기 때문이다.

이인 [里仁] ■

朝聞道, 夕死可矣.
조문도면 석사라도 가의니라.

미래를 제대로
응시하는 사람은

———미래를 제대로 응시하는 사람은 초자연적인 이야기나 폭력을 찬미하는 이야기, 세상의 규칙을 깨면서 그것을 즐거워하는 이야기, 혹은 유령 이야기 등에 빠져들지 않는다.
이 같은 화제는 흥미로운 오락거리는 되겠지만, 현실 세계에서 미래를 만들어 나가는 데 아무런 도움이 되지 않는다.

술이 [述而] ■

子不語怪力亂神.
자불어괴력난신이러시다.

「논어」의 키워드는 '예禮', '인仁' 그리고 '군자君子'이다

「논어」의 가장 중요한 키워드는 '예禮'이다. 사람으로서 지켜야 할 것, 세상을 평화로 이끄는 것, 이는 전 인류에게 공통으로 적용되는 절대적인 규칙이다. 공자는 그것을 '예'라고 했다. 여기서 공자가 말하는 '예'는 '예의禮儀'나 '친절한 행동'과 같이 막연한 것이 아니다. 좀 더 현실적이고 구체적인 고대 중국의 전통적인 예의범절을 가리킨다.

중국의 전통적인 세계관으로 보면 사람이 사는 세상은 몇 개의 나라로 나뉘어 있고 각각의 나라에는 왕이 존재한다. 그리고 그 왕들 위에 인류를 통합하는 지배자가 존재한다. 이를 '천자天子'라고 하며 천자의 가문을 '왕조王朝'라고 한다. 즉 왕조란 '신의 가계'라고 말할 수 있다. 다만 정말 신의 가계라면 영원히 지속되어야 하겠지만, 현실 속 중국은 긴 역사 속에서 수많은 전란을 겪으며 여러 차례 왕조가 바뀌어 왔다.

공자가 살던 시대는 '주周왕조'가 수립된 지 600년 정도가 지났을 무렵으로, 주왕조의 쇠퇴기였다. 이 시대에는 천자의 권위가 땅에 떨어져 각국은 왕조를 업신여기고 제멋대로 세력 다툼을 벌였다. 게다가 각 나라 안에서도 귀족과 왕가가 대립하는 등, 중국 대륙 전체는 완전한 약육강식의 소용돌이에 빠져 있었다.

공자의 고국인 '노魯'는 일찍이 주왕조의 일족이 세운 나라였다. 그러한 고국의 영향을 받은 공자는 주왕조의 열렬한 지지자였다. 공자는 중국의 역사를 철저히 공부하고 연구한 끝에 '주왕조의 정치 스타일이야말로 세상을 진정한 평화로 이끄는 것이다'라는 결론을 내렸다. 그리고 주왕조의 전통적인 예의범절을 전 인류에 공통되는 평화를 위한 기본 규칙인 '예禮'라고 정했다. 그렇기에 공자가 말하는 '예'란, 보다 정확히는 '주왕조의 예'인 것이다.

공자의 뜻에 따르면 주왕조의 예, 즉 주왕조의 전통적인 예의범절이야말로 사람이 지녀야 할 올바른 마음가짐인 '덕德'이라고 한다. 그리고 이 주왕조의 예를 끝까지 지켜내는 것이 정의, 즉 '인仁'이라는 것이다. 또한 이 '인'을 완전하게 실행할 수 있는 사람이야말로 가장 이상적인 사람이며 이를 '군자君子'라고 일컬었다.

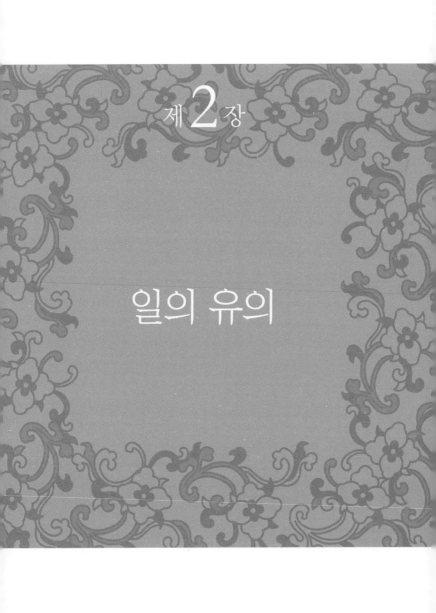

제2장

일의 유의

有意之事

가장 뛰어난 사람은
즐기는 사람이다

────무슨 일이든, 단지 아는 것만으로는 그것을 좋아하는 사람을 따라갈 수 없다. 무슨 일이든, 단지 좋아하는 것만으로는 그것을 즐기는 사람만큼 잘할 수 없다.

일도 취미도 공부도, 즐길 수 있어야 그것의 진정한 가치를 실감할 수 있다.

옹야 [雍也] ■

知之者 不如好之者. 好之者 不如樂之者.
지지자는 불여호지자니라. 호지자는 불여락지자니라.

039

끊임없이 자신을
갈고 닦는다

──── 인생에서는, 때론 열정이 있어도 마땅한 일을 찾지
못하고 집에 틀어박혀 지내는 시기가 있다. 하지만 그런 순간일
수록 낙심하지 말고 배움을 계속하며 자신을 갈고 닦아 두어라.
그러면 언젠가 세상에 나왔을 때, 쌓아 두었던 기량을 펼치며
자신의 꿈과 신념에 성큼 다가갈 수 있을 것이다.

기회는 불시에 찾아오는 것이며, 준비된 사람만이 그 기회를 잡
아 자신의 이상을 펼칠 수 있다.

계씨 [季氏] ■

隱居以求其志, 行義以達其道.
은거이구기지하며 행의이달기도를.

040
자신의 가능성을
함부로 부정하지 말라

———— 정말로 능력이 부족하다면 무리하지 말고 깨끗이 단념하는 것이 옳다. 다만 이것은, 할 수 있는 모든 노력을 쏟아 자신이 가진 능력의 한계를 분명히 알았을 경우에 해당한다. 처음부터 아무것도 하지 않고 '어차피 나로선 불가능해'라며 정색하는 것은 게으른 자들의 변명에 불과하다. 이는 자신의 가능성을 스스로 부정하는 어리석은 태도이다.

술이 [述而] ■

力不足者, 中道而廢.
역부족자는 중도이폐하나니.

041

일하는 자의
마음가짐

————나를 필요로 하는 자리에서 일을 하기로 마음먹었다면, 성심을 다해 재능을 펼치고 일을 완수한다. 그리고 어느 순간 '이제 당신이 할 수 있는 일은 다했다'라는 이야기를 듣는다면 더 이상 미련 두지 말고 순응하며 물러나라.

자신에게 주어진 책임은 확실히 수행하되, 아무리 욕심나는 자리일지라도 나를 필요로 하지 않은 일에는 미련을 두지 않는다. 이것이 다수를 위해 일하는 자의 마음가짐이다.

술이 [述而] ■

用之則行, 舍之則藏.
용지즉행하고 사지즉장이니라.

042
행하는 힘,
전달하는 힘

──────세상이 나를 인정해 주지 않을 때에는, 처지를 한탄하기보다는 인정받을 방법을 모색해야 한다. 세상에 나를 알릴 노력을 해야 한다.

사람에게는 '무언가를 행하는 힘'과 '무언가를 전달하는 힘'이 함께 필요하다.

이인 [里仁] ■

不患莫己知, 求爲可知也.

불환막기지요 구위가지야니라.

043

당당함 속에서
배어나오는 온화함

───── 정의로운 마음을 가진 사람의 언동은 당당하다. 그러나 언동이 당당하다고 하여 그가 반드시 정의롭다고 할 수는 없다. 때로는 오만하고 난폭한 태도가 당당함으로 비치는 경우도 있다.

정의로운 사람은 당당한 태도 속에서도 온화함이 배어나온다는 것을 깨달아야 한다.

헌문 [憲問] ■

仁者必有勇, 勇者不必有仁.
인자필유용이나 용자불필유인이니라.

044

세상이 바라는 일꾼

─────사적인 시간을 보낼 때는 눈에 잘 띄지 않으며 무언가를 주장하는 일도 없다. 마치 말하는 것 자체가 서투른 사람처럼 보이기도 한다. 그러나 일에 임할 때는 자신이 하는 일에 대해 당당히 말하며, 주위의 모든 사람을 납득시키고 훌륭하게 일을 해낸다.

책임진 일 앞에서는 그 누구보다 열정적으로 기량을 발휘하며 최선을 다하는 사람, 바로 그런 이가 세상이 바라는 사람이다.

향당 [鄕黨] ■

於鄉黨 恂恂如也. 似不能言者. 其在宗廟朝廷, 便便言.
어향당에 순순여야하시어 사불능언자러시다. 기재종묘조정하셔서는 편편언하시되.

045

실수가 드물다

──────매사에 검약하고 추세에 휩쓸리지 않으며, 면밀하게
생각하고 행동하는 사람은 실수가 드물다.

이인 [里仁] ■

以約失之者, 鮮矣.
이약실지자 선의니라.

두 번 숙고했다면
그것으로 족하다

──── 계획을 다시 점검함에 있어, 제대로 된 한 번의 검토면 충분하다. 두세 번에 이르러 장황하게 재고하는 것은 실천을 미루고 우물쭈물하는 것과 다름없다.

공야장 [公冶長] ■

再思斯可矣.
재사사가의니라.

좋은 것을 구하는 방법

————사람이든 물건이든 좋은 것을 찾고 싶다면, 먼저 당신이 알고 있는 범위 내에서 충분히 찾아본 후에 주위의 협력을 구하라. 그리해야 주위 사람들도 수월하게 협력할 수 있으며, 당신이 모르는 다른 좋은 것을 다양하게 권해 줄 것이다.

자로 [子路] ■

舉爾所知. 爾所不知, 人其舍諸.
거이소지면 이소부지를 인기사저아.

048

말이 제대로 서야
일을 이룰 수 있다

─────말이라는 것은, 그저 입 밖으로 내뱉어져 공기 중으로 사라지는 것이 아니다. 누군가가 뱉은 한마디의 말이 상황을 바꾸고 사람의 마음을 변화시키기도 한다.

말하자면, 순리에 맞지 않는 말을 함으로써 중대한 일을 그르칠 수도 있는 것이다. 그렇기에 말이란 신중하고 정확하게 나와야 한다.

자로 [子路] ■

言不順, 則事不成.
언불순 즉사불성이라.

049

자신의 능력을 모르는 이는
부끄러움 또한 모른다

─────무턱대고 큰소리를 치거나, 부끄러움도 없이 자기 자랑을 일삼는 사람이 하나의 일을 끝까지 해낼 리 없다.

자신의 능력을 정확히 인지하여 할 수 있는 일과 할 수 없는 일을 냉정하게 구분하는 사람이라면, 분명 신중한 언동을 보일 것이기 때문이다.

헌문 [憲問] ■

其言之不怍, 則爲之也難.
기언지부작이면 즉위지야난하니라.

050

미흡함을
되짚어 보는 자세

———— 세상이 나를 인정해 주지 않는다고 하여 세상을 원망하거나 스스로를 동정해 본다 한들 달라질 것은 없다. 이때 가장 먼저 해야 할 일은 '내 능력이 부족한 것은 아닐까'라고 스스로를 냉정히 돌아보는 것이다. 나를 알아주는 이가 없음을 한탄하기보다는 알려질 만한 재목이 되기 위해 부단한 노력을 쏟아야 한다.

헌문 [憲問] ■

不患人之不己知, 患己不能也.
불환인지불기지하고, 환기불능야니라.

051

해가 되는 존재

————배움을 게을리하는 사람들에게 칭송받는 사람은, 단지 재미있고 우스운 이야기로 그들에게 저속한 즐거움을 선사하는 자에 불과하다.

그런 사람은 아무리 인기가 있어도 그 인기를 이용해 사사로운 이익만 꾀할 뿐 사람을 정의로 이끌지는 못한다. 그렇기에 장기적인 관점에서 보면 오히려 해害가 되는 존재이다.

양화 [陽貨] ■

鄕原德之賊也.
향원덕지적야니라.

행복의 조건

————확실하게 큰돈을 벌 수 있는 일이 있다면 그것을 하는 것도 나쁘지 않다. 그러나 '반드시 많은 돈을 벌 수 있는 일'은 실제로 존재하기 어렵다.

현실이 이러하다면, 자신이 좋아하는 일을 하며 살아가는 것이 가장 행복한 삶일 것이다. 그로 인해 돈을 벌든 손해를 입든, 스스로 선택한 길이라면 납득할 수 있다.

술이 [述而] ■

如不可求, 從吾所好.
여불가구인댄 종오소호하리라.

053
자신의 이익을
뒤로 하는 사람

──────모두가 꺼려하는 일을 도맡아 솔선하는 사람이 있다.
힘들고 궂은 일을 피하고 싶어 하는 타인의 마음을 헤아려 자신
이 먼저 나선다. 타인에게 도움이 되는 것만으로 충분히 기쁘기
에 보수나 이익을 먼저 따지지 않는다.
어려운 일은 회피하고 좋은 것은 남보다 먼저 가지려 하는 지금
의 세상에서, 이러한 사람은 누구보다 빛을 발하며 타인의 본보
기가 된다.

옹야 [雍也] ■

仁者先難而後獲.
인자선난이후획이라.

「논어」는 공자의 제자들이 정리한 언행록이다

공자는 '사람을 향한 애정'이 깊었던 휴머니스트였다. 그가 결국 '주왕조의 예'에 도달한 것도, 그 '예'가 '사람과 사람 사이의 애정과 배려'를 누구나 알 수 있는 형태로 만든 것임을 깨달았기 때문이다. 따라서 공자가 말하는 '예'를 실천하면 모든 문화, 모든 입장에 있는 사람들을 이해할 수 있으며, 타인을 위한 삶에서 기쁨을 느끼는 '군자'가 될 수 있다. 군자의 실상을 철저히 파헤쳐 보면, '누구에게나 배려 깊은 사람'임을 알 수 있기 때문이다.

「논어」는 공자가 말하는 그러한 인간론을 집대성한 것이다. 그렇기 때문에 이천 년이라는 시간이 흐른 지금도 많은 이들의 마음속 지주로 자리해 있는 것이다. 덧붙여 이 「논어」라는 제목은 '공자가 논의한 말을 모은 것'이라는 정도의 의미로 붙여진, 지극히 단순한 명칭이다. 총 20편으로 구성되어 있지만 각 편의 특징적인 차이는 거의 없다. 편의 제목도 단순히 첫머리의 두 글자를 그대로 쓰고 있을 뿐 특별히 담긴 의미는 없다.

또한 「논어」는 공자가 직접 집필한 저서가 아니다. 공자 사후에 제자들이 공자에게 배운 뜻이나 공자와의 추억담을 정리한 것이다. 처음 전반의 10편을 완성한 후 후반의 10편은 나중에 덧붙였다. 그중에는 공자에게 가르침을 얻은 제자의 언행을 다시 그 제자들즉 공자의 제자의 제자이 전수한 내용들도 다수 수록되어 있다.

중국에서는 한무제漢武帝, 기원전 141~87년 재위가 통치하던 시절부터 유교를 국교로 삼았다. 그리고 그 후 왕조가 계속해서 바뀌었지만 변함없이 신봉되어 왔다. 지금도 유교는 중국인, 특히 한족의 마음에 커다란 의지가 되고 있다. 한국과 일본 또한 고대부터 왕성하게 중국 문명을 받아들였기 때문에, 유교의 가르침은 동아시아 전역에 뿌리내려 있다.

다만, 「논어」는 표현이 너무 간결하여 오히려 의미 전달이 어려운 부분도 많다. 그래서 「논어」의 내용을 해설하는 주석서가 여러 사람들에 의해 만들어졌다. '한漢'나라 시대부터 현재에 이르기까지 「논어」의 주석서는 만여 점에 가깝다. 즉, 「논어」는 각각의 시대에 맞추어 늘 재해석되어 온 책이라고 할 수 있다.

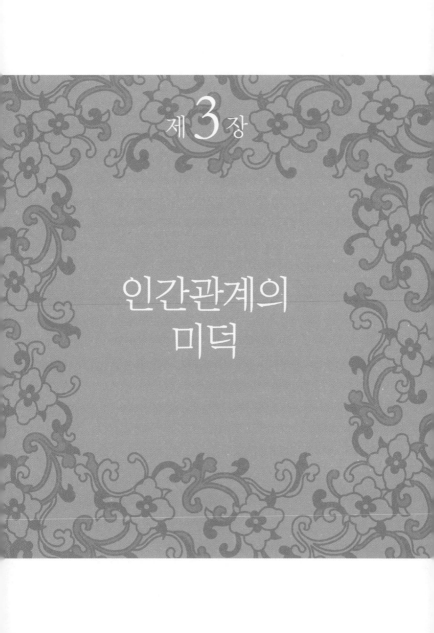

제3장

인간관계의
미덕

美德之交人

054

세상의 평화를 지키는
근본은 무엇인가

─────부모를 공경하고 소중히 여기는 '효孝'의 정신과, 웃어른을 공경하고 소중히 여기는 '제悌'의 정신이야말로 이 세상의 평화를 지탱하는 근본이다. 모든 세대들이 웃어른을 공경하면 어른은 아랫사람을 사랑으로 보살핀다.

이렇게 모두가 화합하여 서로를 다정히 배려하고 살펴 나가다 보면, 세상은 자연히 평화로 다스려진다.

학이 [學而] ■

孝弟也者, 其爲仁之本與.
효제야자는 기위인지본여인저.

055
가까울수록
신의와 예의를 갖추어라

──────── 친구와 만난 다음에는 혹시 내가 친구의 신뢰를 저버리는 경솔한 행동을 하지는 않았는지 되돌아보라. 그가 친한 친구라면 더욱 그러하다.

아무리 작은 약속이라도 신의를 가지고 충실히 지켰는지 늘 자신을 돌아본다. 이것이 우정을 가꾸는 마음가짐이다.

학이 [學而] ■

與朋友交, 而不信乎.
여붕우교 이불신호아.

언제나 사랑받는 사람

─────다른 사람에 대한 배려를 잊지 않고 성실히 살아간다. 이것은 무척 어려워 보이지만 실은 즐거운 일이다. 이 같은 삶의 방식을 가진 사람의 곁에는 언제나 많은 이들이 따른다. 주위의 사랑을 받기에 외톨이가 되는 법이 없으며, 동료들과 항상 더불어 살아간다.

이인 [里仁] ■

德不孤. 必有隣.
덕불고라. 필유인이니라.

타인으로부터
구해야 할 것

─────존경할 만한 사람, 어진 사람이 주변에 있다면 그의 언동을 보고 배운다. 한편, 존경할 수 없는 사람이 있다면 그의 결점을 잘 살펴 자신도 그 같은 실수를 하고 있지는 않은지 반성하는 거울로 삼는다.

타인의 장점뿐만 아니라 단점 또한 나를 성장시키는 자양분이 된다.

술이 [述而] ■

擇其善者而從之. 其不善者改之.
택기선자이종지오. 기불선자개지니라.

어리석음을 깨달아야
시작할 수 있다

――――예의범절과 배려의 미덕을 배우지 못하고 제멋대로 자란 사람은 건실한 인간관계를 쌓을 수 없다. 이런 사람은 상대방이 상냥하게 대해 주면 그것을 당연히 여겨 끊임없이 이기적인 부탁을 한다. 그리고 엄하게 충고하면 반성은커녕 도리어 원한을 품기 때문에 아무도 상대해 주지 않게 된다.

이런 이는 하루라도 빨리 자신의 어리석음을 깨달아야 한다. 깨닫기만 하면 예의를 배우는 것은 언제든 시작할 수 있다.

양화 [陽貨]

唯女子與小人, 爲難養也. 近之則不孫. 遠之則怨.

유여자여소인이 위난양야니 근지즉불손하고 원지즉원이니라.

059

최소한의 예의

──── 조화로운 삶을 위해 서로 친목을 도모하고 친근한 태도로 상대를 대하는 것은 좋은 일이다. 단, 아무리 가깝고 돈독한 관계를 맺기 위함일지라도 최소한의 예의만큼은 잊어버리지 않아야 한다.

최소한의 예의가 사라지면 제대로 된 인간관계를 맺는 것은 고사하고, 어떠한 일도 원활히 진행되지 않는다.

학이 [學而] ■

知和而和, 不以禮節之, 亦不可行也.
지화이화요 불이예절지면 역불가행야니라.

060
좋은 인연은
노력으로 얻어진다

─────이야기를 나눌 가치를 지닌 사람을 만났음에도 말 한 마디 걸지 못했다면, 모처럼 멋진 친구를 얻을 수 있는 기회를 스스로 놓친 것과 다름없다.

사람과 사람 사이의 인연은 먼저 노력하지 않으면 얻을 수 없다.

위령공 [衛靈公] ■

可與言而不與之言, 失人.
가여언이불여지언이면 실인이요.

나는 타인을 얼마나
이해하고 있는가

───다른 이가 나를 이해해 주지 않는다고 불만에 가득
차 끙끙 앓아 봤자 해결되는 것은 아무것도 없다. 그 전에 나는
다른 사람을 얼마나 이해하고 있는지, 그의 가치와 재능을 제대
로 인정하고 있는가를 반문해 볼 필요가 있다.

학이 [學而] ■

不患人之不己知, 患不知人也.
불환인지불기지요 환부지인야니라.

062
실패를 관찰하면
사람의 마음이 보인다

————누군가가 어떤 일에 실패했다면 그 사람의 마음을 한 번 들여다보라. '그는 어떤 마음으로 일에 임했기에 실패한 것일까', '그 사람의 어떤 성격이 실패로 이어진 것일까'를 생각해 보는 것이다.

만약 '상냥함과 성실함이 도리어 화가 되어 실패한 것'임을 깨닫는다면, 그는 오히려 신뢰할 수 있는 사람임을 알게 될 것이다.

즉, 실패를 관찰하면 그 사람의 마음을 볼 수 있다.

이인 [里仁] ■

觀過斯知仁矣.
관과에 사지인의니라.

063

억측을 멀리하되
통찰력을 지녀야 한다

————타인을 보고 '혹시 나를 속이려는 것은 아닐까'라고 지레짐작하지 말라. '혹시 나를 의심하는 것은 아닐까'라고 걱정하지 말라. 선량한 사람은 억측을 하지 않는다.

하지만 이것만으로는 현명한 사람이 될 수 없다. 억측은 하지 않되, 자신을 속이려는 상대방의 악의를 직관적으로 간파하는 통찰력을 지녔을 때 진정으로 '현명하다'고 할 수 있다.

헌문 [憲問] ■

不逆詐, 不億不信, 抑亦先覺者, 是賢乎.
불역사하며 불억불신이나 억역선각자가 시현호인저.

드러나는 말만으로
판단하지 않는다

―――――배려심이 있는 사람의 말에는 언제나 상냥함이 묻어
난다. 하지만 상냥하게 말을 걸어오는 사람이 반드시 배려심을
지녔다고는 할 수 없다. 상냥한 말은 거짓으로도 꾸밀 수 있으며,
이러한 거짓 상냥함에는 상대를 이용해 이득을 보려는 욕심이
숨어 있기 때문이다.

그럴듯하게 말만 떠들 뿐, 행동은 그렇지 않은 사람들이 우리
주변에도 드물지 않다.

헌문 [憲問] ■

有德者必有言, 有言者不必有德.

유덕자는 필유언이어니와, 유언자는 불필유덕이니라.

우정을 맺을 가치가 있다

─────존경할 점을 전혀 찾을 수 없는 사람과는 사귀지 않는다.

달리 말하면, 아주 조금이라도 어느 하나 존경할 점이 있다면 우정을 맺을 가치가 있다.

학이 [學而] ■

無友不如己者.
무우불여기자니라.

066

마음의 성장을
촉진하는 표본

──── 호감이 가거나 존경심이 솟는 사람을 보면 '나도 저런 사람이 되자'라는 긍정의 목표를 가질 수 있다. 존경할 수 없는 사람이나 불쾌감을 주는 사람을 보면 '혹시 나에게도 저런 결점이 있는 건 아닐까'하고 스스로를 되돌아볼 수 있다.

이르자면, 주위에 있는 사람 모두가 마음의 성장을 촉진하는 표본인 것이다.

이인 [里仁] ■

見賢思齊焉, 見不賢而內自省也.
견현사제언하며 견불현이내자성야니라.

속이지 말 것이며,
직언하라

————충성스러운 부하의 마음가짐은 이러하다. 상사를 속이지 않으며, 상사가 잘못을 저지르면 분명하게 비판하고 간언 諫言한다.

이러한 부하는 상사의 비위나 기분을 맞추는 것보다 옳고 그름을 밝혀 정의를 세우는 것이 가장 중요한 일임을 알고 있다. 그런 부하를 멀리하고 화를 내는 상사는 어리석은 사람이며 함께 일할 가치가 없다.

헌문 [憲問] ■

勿欺也. 而犯之.
물기야오 이범지니라.

예의를 갖추는 이유

————용기 있는 사람은 훌륭하다. 그러나 용맹만 있을 뿐, 예의를 익히지 않는다면 그저 난폭하고 야만적인 사람으로 오해를 받게 된다.

자신의 장점을 온전히 발휘하고 제대로 발전시키기 위해서는 먼저 예로써 대해야 한다.

태백 [泰伯] ■

勇而無禮則亂.
용이무례즉란이니라.

069

용기와 만용의 차이

──────맨손으로 호랑이와 맞서려 한다거나, 아무런 장비도 없이 큰 강을 건너려고 하지 말라. 이 같은 무모한 도전을 하며 '나는 죽을 각오가 되어 있기 때문에 괜찮다!'고 호언하지 말라. 이러한 사람은 결코 용기 있는 사람이 아니다. 단지 자신의 힘을 과시하고 싶을 뿐인 어리석은 사람이다. 이런 만용에 가득 찬 사람과 함께 있으면 목숨이 몇 개라도 부족하다.

술이 [述而] ■

暴虎馮河, 死而無悔者, 吾不與也.
포호빙하하여 사이무회자를 오불여야니.

070
신뢰하는 친구와
늘 함께하라

──────나는 신뢰하는 친구와 늘 행동을 함께한다. 무슨 일이든 독단으로 처리하거나 제멋대로 진행하지 않는다. 그럼으로써 행동이 올곧아진다.

술이 [述而] ■

吾無行而不與二三子者.

오무행이불여이삼자자니라.

071
젊다는 것,
가능성이 있다는 것

──────젊다는 것은 그것만으로도 충분히 존중할 가치가 있다. 그렇기에 연장자는 언제나 젊은이를 소중히 여기는 마음을 가져야 한다. 젊은이들은 앞으로 어떻게 성장하고 어떤 발전을 보여 줄지 정해져 있지 않다.

그들에게는 그 무엇보다도 소중한 것, 가능성이 있다.

자한 [子罕] ■

後生可畏也.
후생가외야.

정의로운 공평

─────누구에게나 상냥하고 친절하게 대하는 것은 큰 잘못이다. 마음이 의롭고 선량한 사람에게는 그에 걸맞은 친절로 보답하는 것이 맞지만, 부정한 사람이나 어리석은 사람은 엄중하게 꾸짖어야 한다. 이것이 정의로운 '공평'이다.

꾸짖어야 할 상대에게 친절히 대하는 것은 상대방을 더욱 악화시킬 뿐이다. 이는 아첨이고 가식적인 손익계산이다. 혹은 악에 굴복하거나 가담하는 것이기도 하다. 그리고 이것은 자신의 마음까지 타락시킨다.

헌문 [憲問] ■

以直報怨, 以德報德.

이직보원이오, 이덕보덕이니라.

속죄를 끝낸 죄인을
계속 원망하지 않는다

─────속죄를 끝낸 죄인을 계속 원망하지 말라. 그래야 죄인도 용서받았다는 감사의 마음에 더욱 깊이 반성할 것이다. 이렇게 서로를 용서해 나가면, 이 세상에 새로운 원한이 생기는 일은 거의 없다.

공야장 [公冶長] ■

不念舊惡. 怨是用希.
불념구악이라, 원시용희니라.

타인에게는 관대하되
자신에게는 엄격하다

──────너그럽고 대범한 자세는 타인과 좋은 관계를 만들어 나가는 데 긍정적인 작용을 한다. 그러나 그 같은 너그러움을 자신에게까지 적용하지는 말아야 한다. 스스로에게 지나치게 관대한 사람은, 너무도 쉽게 자신의 게으름과 실수를 용서하고 매사를 변명으로 얼버무린다.

타인에게는 관대하고 대범한 마음으로 다가설지라도, 자신에게 만큼은 엄격하고 신중한 태도를 지녀야 진정한 성장을 도모할 수 있다.

옹야 [雍也] ■

居簡而行簡, 無乃大簡乎.
거간이행간이면 무내대간호잇가.

타인의 장점을
솔직히 인정한다

————누군가 아름다운 목소리를 지녔다면, 그에게 먼저 독창을 청하여 그 미성을 음미해 본다. 그런 후에 합창을 하면 더욱 아름다운 노랫소리가 만들어질 것이다.

타인의 재능을 질투하지 않고 솔직히 인정하면, 그 사람의 좋은 점을 이어받아 나의 성장으로 발전시킬 수 있다.

술이 [述而] ■

與人歌而善, 必使反之, 而後和之
여인가이선이어든 필사반지하시고 이후화지러시다.

일생일대의 결심이기에

───무언가를 함께 배울 동료를 만나기란 그리 어렵지 않다. 진심으로 배울 마음만 있다면 같은 뜻을 가진 사람들끼리는 저절로 끌리기 때문이다.

그러나 정의의 길을 함께 걸어갈 동료를 만나기는 몹시 어렵다. 그것은 일생일대의 결심이기에 가벼운 마음으로 타인에게 권유할 수 없기 때문이다.

자한 [子罕] ■

可與共學, 未可與適道.
가여공학이라도 미가여적도이니라.

077
선물에 담긴 마음

─────── 친구에게 선물을 받으면 아무리 저렴하고 소박한 것
일지라도 고마움을 표현하라. 또한 아무리 값비싼 물건일지라
도 사양하지 말라. 과자 하나를 받았든 훌륭한 마차나 말을 받
았든, 똑같이 '고마워'라는 한마디로 감사를 표현하면 된다. 왜
냐하면 그 선물에 담겨 있는 것은 똑같은 '우정'이기 때문이다.
단, 친구가 조상님께 바칠 공물을 나눠 주었을 때에는 깊이 머
리 숙여 감사해야 한다. 이는 친구를 향해서가 아닌 그 조상님
에 대한 경의를 표하는 것이다.

향당 [鄕黨] ■

朋友之饋, 雖車馬, 非祭肉, 不拜
붕우지궤는 수거마라도 비제육이어든 불배니라.

078 진정한 우정

──── 친구가 세상을 떠났는데 불행히도 시신을 거둘 이가 없다면, 한 치의 망설임도 없이 '내가 맡겠습니다'라며 거두고 당신의 집에서 정성껏 장례를 치러라.

이것이 우정이다. '장례식은 불길하다', '재수 없다', '귀찮다'는 이유로 친구의 죽음을 애도하지 못한다면, 그것은 처음부터 진정한 우정이 아닌 것이다.

향당 [鄕黨] ■

朋友死無所歸, 曰於我殯.
붕우사하여 무소귀어든 왈어아빈이라 하더시다.

웃어른에게
지켜야 할 예의

————마을의 행사나 모임에 참석했을 때에는 행사가 끝났다고 하여 곧바로 자리를 뜨지 않는다. 먼저 연로하신 분들과 손윗사람을 배웅한 후에 돌아갈 준비를 해야 한다.

어떤 자리든지 연로하신 분과 손윗사람을 내버려 둔 채 먼저 자리를 뜨는 것은 배려가 결여된 예의 없는 행동이다.

향당 [鄕黨] ■

鄕人飮酒, 杖者出斯出矣.
향인음주에 장자출이어든 사출의러시다.

080
진정으로
정직하다는 것

————타인의 실수를 비방하고 비밀을 폭로하는 것이 마치 대단히 올곧고 정직한 행동인 양 자랑하는 사람이 있다. 그러나 타인의 결점을 들추는 것은 결코 '정직'이 아니다.

스스로가 인생의 바른 길을 잘 알고 있으며, 그것을 꾸밈없이 실천하여 자신에게 당당한 것이 바로 진정한 정직이다.

양화 [陽貨] ■

惡訐以爲直者.
악알이위직자하노이다.

081

태양과 달이
마음에 들지 않는다 할지라도

─────누군가가 태양과 달이 마음에 들지 않는다 하여 절교를 선언할지라도, 태양과 달은 조금도 신경을 쓰지 않는다. 오히려 난처해지는 것은 사람이다.

마찬가지로 상대방이 정말로 훌륭한 사람이라면, 내가 하찮은 허세나 고집으로 상대를 부정해 본들 나에게 아무런 이익이 되지 않는다. 그저 상대방의 훌륭함을 인정하고 솔직하게 가르침을 청하는 편이 진정 자신을 위하는 일이다.

자장 [子張] ■

人雖欲自絶, 其何傷於日月乎.
인수욕자절이나 기하상어일월호리오.

평생을 역경 속에 살았던
공자의 인생

공자는 지금으로부터 이천오백 년 전에 생존했던 인물로서, 우리 인류사에서 크나큰 족적을 남긴 사상가 중의 한 명이다. 그의 가르침인 유교는 '사람으로서 올바른 삶의 방식'이라는 지침으로 전해져, 지금도 아시아를 중심으로 전 세계 많은 사람들의 마음속 지주로 자리 잡고 있다.

그러나 정작 공자 본인은 그처럼 큰 업적을 남겼다는 자각이 없었다. 대업을 달성한 자신의 인생에 만족은커녕 만년에 이르기까지 불만이 가득했다. 그도 그럴 것이 공자의 인생은 보기 딱할 만큼 '생각대로 되지 않는 인생'이었다. 무엇을 하든 늘 벽에 부딪쳐 괴로워했다. 분명 그는 언제나 마음속으로 이렇게 외치고 있었을 것이다.

'이 따위 인생, 정말 못살겠다!'

하지만 그는 한 번도 실의에 빠져 인생을 자포자기하지 않았다. 아무리 힘들 때에도 주위에 대한 배려를 잊지 않았다. 늘 상냥함과, 유머와, 경의를 가지고 사람들을 대하는 진정 훌륭한 사람이었다. 자신이 힘들 때에도 다른 사람을 헤아린다는 것은 강인한 정신력을 지니고 있지 않으면 불가능한 일이다.

그는 가장 이상적으로 완성된 사람을 가리켜 '군자'라고 불렀다. 공자가 말한 군자란 '어떤 상황에서도 다른 사람에 대한 배려를 잊지 않는 사람'이다. 그리고 공자야말로 군자 그 자체였다. 그런 그의 가르침이기에 유교가 인류 최고의 보물 중 하나로 인정받고 있는 것이다.

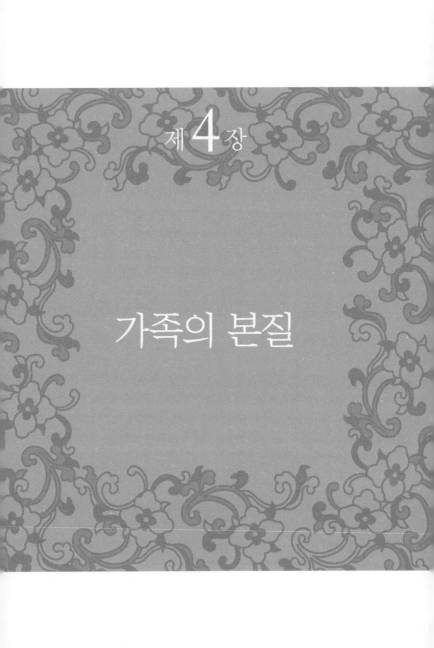

제4장

가족의 본질

本質之家族

082 효도의 형태

─────예의범절은 배려하는 마음과 공경하는 마음을 형태로 만든 것이다. 따라서 효도 또한 예의를 지키면서 행해야 한다. 부모님이 살아 계실 때는 매사에 공경하는 마음을 잊지 않고 언제나 예의 바른 태도와 공손한 말투로 모신다. 부모님이 돌아가시면 생전 고인이 소망했던 대로 장례를 치른다. 사후에는 평온한 안식을 바라며 매일 정성껏 기도를 올린다.

이것이 올바른 효도의 형태이다.

위정 [爲政] ■

生事之以禮, 死葬之以禮, 祭之以禮.
생사지이례하며 사장지이례하며 제지이례니라.

083

가장 중요한
효도의 덕목

———부모는 그 무엇보다도 자녀의 건강을 염려한다. 그러므로 늘 자신의 건강을 살피며 몸과 마음이 상하지 않도록 돌보아야 한다. 이것이 바로 효도의 첫걸음이다.

위정 [爲政] ■

父母唯其疾之憂.
부모유기질지우니라.

부정하지 않는다

———— 현재의 생활과 동떨어진 선대의 방식을 고수하는 부모의 마음을 바꾸고 싶다면, 부모의 기분이 상하지 않도록 진중하고 부드러운 말로 간청하라. 그럼에도 불구하고 부모가 변화를 거부한다면, 그에 순응하고 그들 시대의 방식을 존중하라. 내용이 아무리 옳다 한들 무조건 비난하는 것은 용서받지 못할 불효가 된다. 설령 시대착오적이라 할지라도, 부모는 그 가치관에 따라 인생을 엮어 왔기에 그것을 부정하지 않는 것이 배려이고 또 효행이다.

이인 [里仁] ■

事父母幾諫, 見志不從, 又敬不違.
사부모하되 기간이니 견지부종이라도 우경부위니라

085
독단으로 범하는
실패를 막으려면

──────자식이 아버지로부터 '세상을 살아가는 방법'을 배울 때에는 다음의 과정을 차례대로 따른다.

먼저 아버지의 일을 묵묵히 따르며 일에 대한 신념을 관찰하고 인생관과 가치관을 습득한다. 이윽고 아버지가 일선에서 물러나면 그가 해온 일의 내용을 구체적으로 돌이켜 본다. '이 방식이 아버지가 신념을 관철하기 위한 최선의 것이었을까'라고 스스로 사고해 본다.

이 같은 단계를 밟으며 성장하는 사람은 주제넘게 앞서 나감으로써 범하는 실패를 피할 수 있다.

학이 [學而] ■

父在觀其志, 父沒觀其行.
부재관기지하고 부몰관기행이라

086

사랑한다면,
고난을 경험하게 하라

───── 자식을 위한다는 명목으로 소소한 문제까지 대신 해결해 주려는 부모가 있다. 어려움을 겪는 자식의 모습이 안타까운 것은 부모로서 당연한 마음일 것이다. 허나 그렇다고 하여 자식의 앞길을 대신 닦아 주는 것은 아무런 무기 없이 자식을 전쟁터에 내보내는 것과 같다.

사람은 인생에서 부닥치는 크고 작은 어려움을 스스로 극복해 나갈 필요가 있다. 그래야 큰 역경 앞에서 홀로 맞설 수 있는 힘을 기를 수 있기 때문이다. 사랑한다면 고난을 경험케 하라는 까닭이 바로 여기에 있다.

헌문 [憲問] ■

愛之能勿勞乎.
애지란 능물노호아.

상하관계의 근본은
인륜의 정이다

───세상에는 평등을 주장하며 사회의 상하관계를 부정하는 사람들이 있다. 하지만 그런 이들도 부모 자식 간의 정은 당연히 지니고 있을 터, 부모라면 자식이 사랑스럽고 자식이라면 부모가 존경스러울 것이다.

그렇기에 이들의 주장은 모순이다. 그 역시 실제로는 사회의 상하관계를 마음속으로는 인정하는 것이다. 사회의 상하관계란 바로 부모 자식 간의 정에 근본을 두고 있기 때문이다. 사회의 조직체계란 본디 '다른 세대 간의 자연스러운 애정을 효율적으로 활용한 것'에 지나지 않는다.

미자 [微子] ■

長幼之節, 不可廢也. 君臣之義, 如之何其廢之.
장유지절을 불가폐야니, 군신지의를 여지하기폐지리오.

현명한 사람을
공경하는 마음

─────현명한 이를 공경하는 마음은 아름다운 여인을 동경하는 마음과 같다. 여인의 아름다움은 내면에서 배어나오는 것이며, 젊은 여인이든 성숙한 여인이든 그 아름다움의 본질은 '엄마로서 아이를 사랑하고 귀여워하는 다정함'에서 나오기 때문이다.

한편, 진정으로 현명한 사람이란 주위 사람들과 세상 그 자체를 사랑으로 온화하게 감쌀 수 있는 사람이다. 그렇기에 현명한 사람과 아름다운 여성은 본질적으로 지극히 가까운 존재라 할 수 있다.

학이 [學而] ■

賢賢易色.
현현이색이라.

089

공경하는 마음이 없다면

──── 요즘 사람들 가운데 어떤 이들은 연로한 부모를 두고, '식사만 제때 차려 주어도 효도하는 것이다'라며 마치 자비를 베푸는 듯한 태도를 보이는데 이는 큰 잘못이다. 사람은 집에서 기르는 개나 말에게도 매일 먹이를 준다. '먹여주기만 하면 된다'는 태도는 연로한 부모를 개나 말과 같이 취급하는 것과 같다. 그런 취급을 받고 기뻐할 사람이 있을까.

부모를 공경하는 마음이 없다면 물질적으로 아무리 좋은 것을 해 주어도 진정한 효도가 아니다.

위정 [爲政] ■

今之孝者. 是謂能養. 至於犬馬, 皆能有養. 不敬何以別.
금지효자는 시위능양이니. 지어견마하여도 개능유양이니 불경이면 하이별리오.

090

절대적 사랑의 관계

————부모는 자식이 아무리 많은 잘못을 저질러도 아이를 감싸고 싶어 한다. 자식 또한 아버지가 아무리 큰 죄를 지을지라도 아버지를 감싸려 한다.

부모와 자식은 절대적 사랑의 관계이기에 이것은 틀린 일이 아니다. 가족은 가족을 감싸야 한다. 만약 죄를 저지른 이가 가족에게까지 버림받는다면, 그는 두 번 다시 일어나지 못할 것이다. 속죄도 할 수 없다. 사람은 가족의 사랑을 느낄 수 있어야 죄의 무거움을 자각하고 비로소 속죄할 수 있다.

자로 [子路] ■

父爲子隱, 子爲父隱. 直在其中矣.
부위자은하며 자위부은하나니 직재기중의니라.

부모를 기쁘게 하는 것은
자식의 얼굴이다

─────효도에서 중요한 것은 부모에게 보이는 자식의 얼굴이다. 부모의 일을 돕고 귀한 음식을 장만해 부모를 모시는 것은 분명 훌륭한 효도이겠으나, 그 표정이 평온하지 않다면 모처럼의 효행은 무용지물이 되어 버린다.
자식이 괴로운 얼굴을 하고 있으면 부모는 아무리 좋은 것을 가진다 해도 기쁘지 않기 때문이다.

위정 [爲政] ■

色難. 有事弟子服其勞, 有酒食先生饌. 曾是以爲孝乎.
색난이니, 유사이어든 제자복기로하고, 유주사이어든 선생찬이라. 증시이위효호아.

092
부모의 나이를
기억한다

─────연로하신 부모의 나이를 알고 있다는 것, 바로 그것
이 효도의 첫걸음이다. 그로써 '이렇게 오래 살아주셔서 기쁘다'
는 감사의 마음을 가진다. 그리고 '벌써 이렇게 늙으셨구나, 생
이 얼마 남지 않으셨어'라며 부모의 남은 삶을 더욱 세심히 살필
수 있다.

이 두 마음이 부모와 함께 지내는 시간의 소중함을 깊이 깨닫게
해 준다.

이인 [里仁] ■

父母之年. 不可不知也. 一則以喜, 一則以懼.
부모지년은 불가부지야니, 일즉이희오, 일즉이구니라.

공자의 양친

공자의 성은 공孔, 이름은 구丘라고 한다. 덧붙여 '자子'란, 중국에서 독자적인 학설을 세운 인물을 나타내는 경칭이다. 예를 들면 병법의 대가인 손자孫子의 본명은 손무孫武이다.

공자의 생애기원전 551~기원전 479는 고대 중국의 역사서인 「사기史記」에 그 실체가 명확하게 정리되어 있다. 「사기」는 공자 사후 약 300년 후에 쓰인 것이지만 역사서로의 완성도에서 보면 그 내용은 신뢰하기에 충분하다.

공자가 살았던 시대는 고대 중국의 전환기로 난세였다. 이른바 '춘추전국시대'로 중국 대륙이 몇 개의 나라로 나뉘어 패권을 다투고 있었다. 그의 집안인 공씨 가문은 그 나라들 가운데 하나인 '노魯'나라의 '선비士' 집안이었다. 선비란 관리 중에서도 서민과 직접 교류하는 신분으로 중급 관리에 해당한다.

공자의 양친은 집안에서 인정받지 못한 사이였기 때문에, 공자는 출생에서부터 사회적 핸디캡을 짊어지게 되었다. 게다가 더욱 불행하게도 공자가 겨우 세 살이 되던 무렵 부친이 세상을 떠나고 말았다. 결국 그는 아버지의 집안에서 인정받지 못하고 모자 가정에서 성장했으며 몹시 곤궁한 생활을 할 수밖에 없었다.

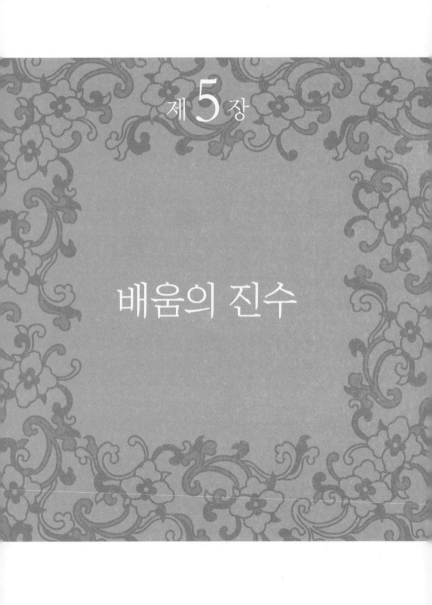

제5장

배움의 진수

眞髓之學

배움이 깊을수록

──── 배움이 깊어짐에 따라 우리는 이 세상에 다양한 가능성과 가치, 인생관이 있음을 깨닫게 된다. 그렇기 때문에 바르게 배운 사람일수록 자신만 옳다는 생각을 하지 않는다.

배움이 깊을수록 완고해지지 않는 것이다. 달리 말해, 완고한 사람이란 제대로 배우지 못한 사람이다.

학이 [學而] ■

學則不固.
학즉불고니라.

094
과거를 볼 수 있어야
현재를 미래로 이끌 수 있다

―――――마치 식은 죽을 다시 뜨겁게 데우듯이, 과거의 역사를 자신의 마음속에 선명히 되살려 본다. 이 정도로 역사를 깊이 공부하면 미래의 역사가 보인다. 이를 볼 수 있는 사람이야말로 현재의 역사를 이끌어 갈 수 있는 사람이다.

위정 [爲政] ■

溫故而知新, 可以爲師矣.
온고이지신이면, 가이위사의니라.

095
좋은 스승을
만나고 싶다면

──────진정한 공부란 가르침을 일방적으로 받기만 하는 것이 아니다. 교사가 사각형에서 '하나의 모서리'를 알려 주면 나머지 '세 개의 모서리'를 스스로 유추해낼 수 있어야 한다. 배운 내용에 대하여 그만큼의 사고를 이끌어낼 정도로 나름의 고민과 연구를 하는 학생이 아니면, 좋은 교사는 오랫동안 지켜보려 하지 않는다.

좋은 스승에게 오래도록 배우고 싶다면, 배움에의 의지와 정열을 가슴에 품고 스스로 사고하라.

술이 [述而] ■

擧一隅而示之, 不以三隅反, 則吾不復也.
거일우이시지에, 불이삼우반이어든, 즉오불부야니라.

두 가지의 균형이
중요하다

──────지식을 집어넣기만 할 뿐, 그것을 바탕으로 스스로
생각하지 않으면 일의 올바른 모습이 보이지 않는다. 역으로,
지식을 확실하게 익히지도 않은 채 제멋대로 생각하면 한쪽으
로 치우친 독단적인 결론에 도달해 버린다. 이것 역시 일의 올
바른 모습을 볼 수 없다.

지식을 얻는 것과 생각하는 것, 이 두 가지의 균형이 중요하다.

위정 [爲政] ■

學而不思則罔, 思而不學則殆.
학이불사즉망하고, 사이불학즉태니라.

097

진정으로 아는 사람

──────제대로 알지 못하면서 어설픈 기억이나 엿들은 풍월로 다른 이에게 이야기를 전하다 보면 '나는 이 일에 대해 잘 알고 있다'고 착각하게 된다.

확실히 알고 있는 것만 '안다'고 자각하고 그렇지 않은 것은 '모른다'고 인정하라. 이와 같이 깨어 있는 사람이 진정으로 알고 있는 사람이다.

위정 [爲政] ■

知之爲知之, 不知爲不知, 是知也.
지지위지지요, 부지위부지가, 시지야니라.

098

마음의 성장은 타인과의 소통에서 시작된다

───────책을 통해 지식을 얻는 것은 중요하다. 그러나 마음의 성장을 위해서는 그보다 우선하여 행할 것이 있다. 먼저 가족이나 주위 사람들을 위해 자신이 할 수 있는 일을 성심껏 행한다. 다음으로는 존경할 수 있는 사람과 교류하며 그를 돕거나 그의 언행을 보고 배운다. 그런 후에도 여유가 있다면 그때 책을 접한다.

사람과의 소통을 제쳐 놓고, 단순히 책 속의 지식에만 빠져들면 진정한 마음의 성장은 기대할 수 없다.

학이 [學而] ▮

汎愛衆而親仁, 行有餘力, 則以學文.
범애중하되 이친인이니, 행유여력이어든, 즉이학문이니라.

행하지 않는 지식

─────무언가를 배우면, 그것을 실제로 행해 봄으로써 그 이치를 깨닫기 전까지 다른 공부를 시작하지 않는 사람이 있다. 그는, 실천 없이 지식만 집어넣는 것은 단순히 지식욕을 만족시키는 놀이로 전락할 수 있음을 아는 사람이다.

공야장 [公冶長] ■

有聞, 未之能行, 唯恐有聞.

유문이오, 미지능행하여서, 유공유문하더라.

넓게 배우고
예로써 행한다

──────폭넓게 배우고 많은 지식을 익혀라. 그 지식을 바탕으로 생각을 다듬고 행동으로 옮겨라. 그리하면 좋은 성과를 기대할 수 있다.

단, 행동으로 실행할 때에는 어떠한 경우라도 예의를 지켜 행해야 한다. 그래야만 세상 사람들에게 자신의 행동을 이해받고 정당한 평가를 받을 수 있다.

옹야 [雍也] ■

博學於文, 約之以禮, 亦可以弗畔矣夫.
박학어문이요, 약지이례면, 역가이불반의부인저.

101

늘 자신을 되돌아본다

――――아직 충분히 터득하지 못했거나 자신의 머릿속에서 확실히 정리되지 않은 것을 타인에게 말하는 것은, 마땅히 경계하고 부끄러워해야 할 일이다.

무언가를 배우는 도중에는 자신도 모르는 사이에 그 같은 실수를 저지르기 쉽다. 그렇기에 늘 스스로를 되돌아보아야 한다.

학이 [學而] ■

傳不習乎.
전불습호아니라.

102

깊이 새긴 후에야
타인에게 전할 수 있다

─────무언가를 배우면 그 의미를 충분히 생각해 보지도 않고 어설픈 지식을 내세워 잘난 체하는 사람이 있다. 그 같은 사람은 마치 그것을 잘 알고 있다는 착각에 빠져 애써 배운 지식까지 무용지물로 만들어 버린다.

배움이란 타인에게 자랑하기 위해서가 아닌 마음의 성장을 위해 구하는 것이다. 그렇기에 지혜나 지식은 자신의 마음속에 먼저 확실히 새긴 후 다른 이에게 전해야 한다.

양화 [陽貨] ▪

道聽而塗説, 德之棄也.
도청이도설이면 덕지기야니라.

배움에 대한
정열을 불태워라

————좋은 교사는 진심으로 배움을 갈구하는 학생이 아니면 가르치지 않는다. 모르는 것이 있다면 어떻게 해서든 알고 싶어 조바심을 내라. '공부하고 싶다!'고 크게 소리칠 정도로 강한 의욕에 사로잡혀라. 이 정도의 절실함이 없으면 좋은 교사에게 가르침을 받을 수 없다.

배움으로 무언가를 터득했다면 자기 방식으로 설명하고 싶어서 안달을 내야 한다. '애써 공부했는데 제대로 표현할 수 없어!'라며 안타까워하라. 이 정도의 열의가 없으면 좋은 교사는 더 깊은 진리의 세계로 인도해 주지 않는다.

좋은 교사에게 배우고 싶다면 배움에 대한 정열을 불태워라.

술이 [述而] ■

不憤不啓. 不悱不發.
불분이어든 불계하고, 불비어든 불발하되.

아무것도 배우지 못한 사람

──────아무리 능력이 뛰어날지라도 거만한 태도로 능력을
내놓기를 아까워하는 사람은 아무것도 배우지 못한 사람과 같다.
사람의 능력은 자신뿐만 아니라 다른 이의 행복을 위해 발휘될
때 그 진가가 드러나는 것이다. 바르게 배운 사람이라면 이러한
사실을 누구보다 잘 알고 있다.

태백 [泰伯] ■

使驕且吝, 其餘不足觀也已矣.
사교차린이면 기여는 불족관야이의니라.

썩은 나무에는
무늬를 새길 수 없다

―――――어떠한 명인도 썩은 나무에는 무늬를 새길 수 없다.
아무리 솜씨 좋은 미장이라도 썩은 흙으로는 견고한 벽을 쌓을
수 없다.

사람의 마음도 이와 마찬가지다. 아무리 좋은 교사를 만나더라
도 배우는 이의 마음이 비뚤고 의욕이 없다면 성장할 수 없다.
그러므로 배움에 앞서 내 마음이 비뚤어지지는 않았는지, 진정
성을 가지고 일을 대하는지 항상 살펴야 한다.

공야장 [公冶長] ■

朽木不可雕也. 糞土之牆, 不可杇也.
후목은 불가조야요, 분토지장은 불가오야니라.

배우는 자의 마음가짐

————무언가를 배우는 마음가짐이란 도망치는 사냥감을 쫓는 것과도 같다. 좀처럼 잡히지 않아 애를 태우는 기분이 되는 것이다. 오로지 그것 외에는 아무것도 생각하지 못할 만큼 절실한 기분으로 자신을 몰아가는 것이다.

하지만 그처럼 필사적으로 배웠음에도 불구하고, '이제 됐겠지'라며 잠시 긴장을 풀고 쉬는 것만으로도 배운 것을 잊어버릴 수 있으니 두려운 일이 아닐 수 없다.

태백 [泰伯] ■

學如不及, 猶恐失之.
학여불급이요, 유공실지니라.

집 밖으로 나가라

————집 밖을 나설 때 현관을 지나지 않는 사람은 없다. 그런데 어째서 우리들은 '더 넓고 충실한 인생의 길'로 이어진 '특별한 현관'은 좀처럼 지나가지 않는 것일까. 여기서 말하는 특별한 현관은 당연히 '배움'을 의미한다.

우리는 이 현관을 지나 더 넓은 세상으로 나갈 필요가 있다.

옹야 [雍也] ■

誰能出不由戶者, 何莫由斯道也.
수능출불유호자오마는, 하막유사도야오.

108
하나의 전진

──────배움이란 넓은 황무지를 평평하게 고르는 것과 같다. 거친 땅에 내리친 단 한 차례의 괭이질이 그 땅을 비옥하게 일구기 위한 하나의 전진이듯, 아주 소소할지라도 무언가를 배운다는 것은 그것만으로도 훌륭한 전진이다.

아무리 작은 노력이라도 아무것도 하지 않는 것보다는 훨씬 가치가 있다.

자한 [子罕] ■

譬如平地. 雖覆一簣, 進吾往也.
비여평지에 수복일궤나 진오왕야니라.

배움의 목적

───── 과거에는 마음의 성장을 위해 배움을 구하는 이가 많았으나 요즘은 타인이나 세상의 칭송을 받기 위해, 혹은 돈을 벌기 위해서 배움을 구하는 이가 더 많다.

이는 실로 안타까운 일이다. 사람은 마음의 성장을 경험했을 때 가장 크고 깊은 행복을 느낄 수 있기 때문이다.

헌문 [憲問] ■

古之學者爲己, 今之學者爲人.
고지학자는 위기러니, 금지학자는 위인이로다.

생각에 앞서
기본을 배워라

───── 나는 일전에 종일토록 아무것도 먹지 않고 한숨도 자지 않으며 오로지 하나의 생각에만 골몰했던 적이 있다. 그러나 결국 변변한 결론이나 이치 하나 얻지 못한 채 헛고생만 하였다. 요컨대, 홀로 생각하는 것보다 기본을 배우는 것이 선행되어야 한다는 것이다. 어떤 일이든 기본을 익히지 않으면 바른 결론을 이끌어내지 못한다.

위령공 [衛靈公] ■

吾嘗終日不食, 終夜不寢, 以思. 無益. 不如學也.
오상종일불식하고 종야불침하며 이사하니, 무익이요 불여학야로

111

배움을 계속할 때
인생은 흥미로움으로 가득 찬다

─────모르는 것이 생기면 배움에 대한 의욕이 넘쳐흘러 밥을 먹는 것조차 잊어버린다. 배움이 깊어감에 따라 몰랐던 것을 알게 되니, 그 즐거움에 걱정거리도 잊혀진다. 이렇게 해를 거듭하여 백발의 노인이 되었지만, 아직도 배울 것이 많기에 외로움이나 공허함을 느낄 겨를이 없다. 그리고 인생은 늘 이러했기에 지금까지 행복했다.

배움을 계속할 때, 인생은 흥미로움으로 가득 차고 생을 마감하는 순간까지 설렐 수 있다.

술이 [述而] ■

發憤忘食, 樂以忘憂, 不知老之將至也云爾.
발분망식하고, 낙이망우하여, 부지노지장지야운이로다.

소년 시절부터 가족을 갖기까지

공자는 소년에서 청년 시절에 이르기까지 먹고 살기 위해 여러 가지 일자리를 전전했다. 심지어 농가에 고용되어 괭이를 잡은 적도 있다. 젊었을 때의 고생은 사람의 마음을 성장시킨다고 한다. 분명 공자가 젊은 시절 겪은 이 같은 고난 또한 인생의 귀중한 재산이 되었을 것이다.

하지만 정작 공자 자신은 젊은 시절의 고생을 단순한 불행으로 여겼던 듯하다. 「논어」의 일화 가운데 하나를 보면, 제자 중 한 명이 농사일에 대해 조언을 구하자 공자가 화가 난 듯이 '나에게 그런 것은 물어보지 말라!' 라고 답했다는 이야기가 있다자로[子路]편. 이는 중국 문화의 전통적 인식에 기인한 것이다. 옛부터 중국에서는 '문화인과 교양인은 육체노동에 종사하지 않는다'고 여겼기 때문이다.

공자가 열일곱 살이 되던 무렵, 모친이 돌아가셨다. 하지만 그즈음에 간신히 부모의 결혼이 공씨 가문에게 인정받을 수 있었다. 정말로 아슬아슬하게 공씨 가문의 정식 후계자가 되어 천애고아를 면할 수 있었던 것이다. 그 후 공자는 열아홉살에 송나라 출신의 여인과 혼인하여 그 이듬해에 장남을 얻었다. 그는 가족을 향한 애정이 깊은 사람이었다.

앞서 공씨 가문이 중급관리 집안이라고 말했는데 어머니의 집안은 '유儒'를 가업으로 하는 집안이었다고 최근의 연구자들은 추정하고 있다. 유儒란 이른바 '관혼상제를 다루는 일'이다. 어떤 문화에서든 관혼상제에는 전통적인 예의범절이 따르기 마련이다. 따라서 어머니 쪽 집안이 유교의 중심 사상에 영향을 주었을 것으로 추정된다.

공자는 젊은 시절부터 맹렬히 공부하고 많은 학식과 교양을 쌓았는데, 특정한 스승에게 사사하지 않고 독학으로 배웠기 때문에 많은 어려움이 있었다. 더군다나 당시의 책은 종이가 아닌 얇게 깎은 나무토막이나 대나무에 문장을 적은 '목간木簡'이었는데, 목간은 매우 귀중한 물품이었기 때문에 보통 사람이 이를 접할 기회는 거의 없었다. 그렇기에 홀로 배움을 익히는 공자의 어려움은 더욱 컸다.

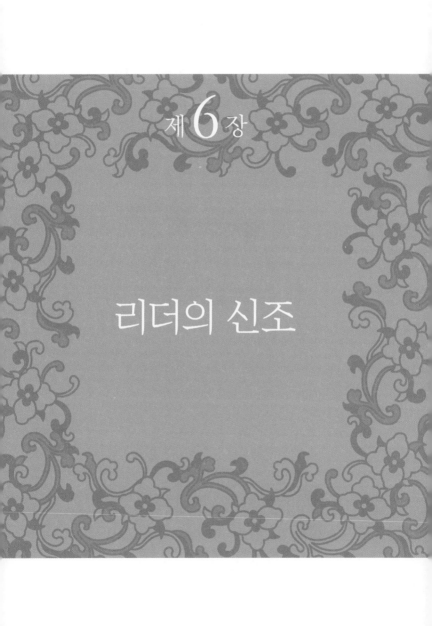

제6장

리더의 신조

信條之先驅者

이상적인 모습

──────── 평소에는 온화하지만 중대한 상황 앞에서는 누구보다 엄중하다. 언제나 당당한 위엄이 있으나 사납게 으스대지는 않는다. 언제나 예의를 갖추되, 말을 건네면 웃는 얼굴로 답하므로 가까이하기 쉽다.

그런 사람이 '사람을 이끄는 지도자'의 이상적인 모습이다.

술이 [述而] ■

溫而厲, 威而不猛, 恭而安.

온이려하시며 위이불맹하시며 공이안이러시다.

제멋대로 굴지 않는 것이
군자의 첫걸음이다

──────군자는 먼저 네 가지 마음을 버려야 한다. 매사를 객관적으로 보지 않는 억측, 매사를 억지로 진행하는 강행, 잘못을 고치려고 하지 않는 완고함, 자신의 의견만을 주장하는 이기심.

말하자면, 제멋대로 굴지 않는 것이 군자의 첫걸음이다.

자한 [子罕] ■

子絕四. 母意, 母必, 母固, 母我.
자절사러시니 무의 무필 무고 무아러시다.

114

송백의 푸르름은
겨울에 드러난다

————송백은 여름이건 겨울이건 한결같은 푸르름을 간직하고 있다. 그러나 사람들은 여름에는 송백의 푸르름을 깨닫지 못한다. 추운 계절이 다가와 다른 식물이 모두 시들었을 때에야 비로소 그 강인한 생명력을 깨닫는다.

군자도 이와 같다. 평소에는 눈에 잘 띄지 않지만, 위기가 닥쳐 사람들이 혼란에 휩싸일 때 그 존재가 세상에 드러난다. 군자는 냉정함을 잃지 않고 군중 앞으로 나와 그들을 이끈다.

자한 [子罕] ■

歲寒 然後知松柏之後彫也.
세한연후에 지송백지후조야라.

담대히 자신의 길을
걸어가라

──────아무리 열심히 노력해도, 타인으로부터 세상으로부터 인정받지 못하는 경우가 있다. 허나 그럴지라도 분노와 원한을 품지 않고 비굴해지지 않으며 담대하게 자신의 길을 계속 걸어가는 사람이 진정한 군자다.

훌륭한 사람이란 성공한 사람이 아니다. 성공하지 못할지라도 포기하지 않는 이가 진정 훌륭한 사람이다.

학이 [學而] ■

人不知而不慍. 不亦君子乎.
인부지이불온이면 불역군자호아.

근본적인 정의를 따르면
올바른 길을 찾을 수 있다

──── 군자는 어떠한 상황에서도 '모든 것의 근본인 정의가 무엇인지'를 분명히 하고, 그에 맞추어 언행을 결정한다. 그렇기에 모든 언행은 필연코 올바른 도리를 따른다. 부정을 저지르고 '때와 상황에 따라 어쩔 수 없는 것도 있다'라거나 '정의도 상황에 따라서 변한다'라고 변명을 하는 일은 절대로 없다.

학이 [學而] ■

君子務本. 本立而道生.
군자무본이니 본립이도생하나니.

117

덕으로써
언행을 관철한다

──────사람과 집단을 이끄는 리더는 공평한 배려와 정의로
써 자신의 언행을 관철한다. 그렇기에 누구나 리더를 신뢰한다.
북극성을 중심으로 별들이 회전하듯 모두가 리더를 중심으로
올바르게 살아간다.

위정 [爲政] ■

爲政以德, 譬如北辰居其所, 而衆星共之.
위정이덕이 비여북신이 거기소이어던 이중성공지니라.

정당함으로 얻지 않으면
머물지 않는다

─────누구나 많은 재산이나 높은 지위를 갈망한다. 그러나 군자는 성실한 노력이 아닌 요행이나 편법으로 얻은 재산과 지위는 귀하게 여기지 않는다. 아니, 도리어 내던져 버린다. 진정성 있는 노력으로 일구어낸 결과가 아닌 것은 마음의 성장으로 이어지지 않는다. 군자는 그러한 것에 가치가 없음을 잘 알고 있다.

이인 [里仁] ▨

富與貴, 是人之所欲也. 不以其道得之, 不處也.
부여귀는 시인지소욕야나, 불이기도로 득지어면 불처야니라.

부끄러운 것은 오직
올바르지 못한 마음뿐

──── 누구나 '가난'이나 '보잘 것 없는 지위'에 처하기를 두려워한다. 그러나 군자는 가난과 낮은 지위가 자신의 게으름과 부도덕의 대가로 초래된 것이 아니라면, 그것을 두려워하거나 부끄럽게 여기지 않는다.

군자가 부끄러워하는 것은 자신의 올바르지 못한 마음뿐이다.

이인 [里仁] ■

貧與賤, 是人之所惡也, 不以其道得之, 不去也.
빈여천이 시인지소오야나 불이기도로 득지라도 불거야니라.

모든 이가
신뢰하는 사람

──── 그에게는 의지할 부모가 없는 어린아이를 안심하고 맡길 수 있으며, 큰 집단의 운영도 맡길 수 있다. 한 사람을 위하여 세심한 배려를 할 수 있는 이는 다수를 위한 중대한 결단도 내릴 수 있다.

모든 사람에게 신뢰받는 사람은 이런 인물이다.

태백 [泰伯] ■

可以託六尺之孤, 可以寄百里之命.
가이탁육척지고하며 가이기백리지명이요.

행동하지 않는 자의 핑계

──── 실천은 뒤로 하고 말부터 앞서는 것을 경계하라. 말은 다소 어눌하고 서툴지라도 단호하고 충실하게 행동하는 사람이 훌륭한 사람이다.

꼼짝도 하지 않은 채 '좀 더 주의 깊게, 좀 더 생각해 본 후에'라는 말은 행동하기 싫어하는 사람의 핑계에 불과하다.

이인 [里仁] ■

君子欲訥於言, 而敏於行.
군자욕눌어언 이민어행이니라.

솔선하여
예를 갖춘다

―――사람들을 이끌기 위해서는 무엇보다 예의를 소중히 여기고 솔선하여 질서를 지켜야 한다. 다른 사람들에게 '예의를 지켜!'라고 엄격하게 명령하는 리더일수록 그 태도가 거만하고 난폭하며, 어느 누구보다 예의가 없다. 이 같은 리더는 아무리 지위가 높아도 사람들이 진심으로 따르지 않는다.

선진 [先進] ■

爲國以禮. 其言不讓. 是故哂之.
위국이례어늘 기언이 불양이라. 시고로 신지로다.

123

예의와 배려는
형제의 정을 낳는다

—————주변의 사람들을 소중히 여기며 폐를 끼치지 않기 위해 항상 노력한다. 누구를 대하든 배려를 잊지 않고 예의를 지킨다.

이러한 사람에게는 주위의 모든 이들이 호의를 갖고 따뜻한 마음으로 다가온다. 주변 사람 모두가 그와 깊은 우애를 나눈 형제가 되어 간다.

안연 [顏淵] ■

君子敬而無失, 與人恭而有禮, 四海之內, 皆爲兄弟也.
군자경이무실하며 여인공이유례면 사해지내가 개위형제야니.

124

어떤 위기에서도
최선의 대처를 한다

──────군자는 어떠한 상황에서도 정의를 잊지 않는다. 아무리 허기질지라도 정의를 어겨 먹을 것을 구하지 않는다. 아무리 다급할지라도 정의를 무시하여 서두르지 않는다. 심지어 발을 헛디뎌 넘어지는 순간에도 정의를 잊어버리는 일이 없다

군자는 항상 정의를 마음에 담고 있기에 마음의 평정을 이룰 수 있다. 그렇기에 어떤 위기에서도 최선의 대처를 한다.

이인 [里仁] ■

君子無終食之間違仁. 造次必於是, 顚沛必於是.
군자무종식지간위인이니 조차에 필어시하며 전패에 필어시니라.

마음이 좁은 사람

──────군자는 상대방의 장점이 더욱 커지도록 북돋아 주고, 결점은 점점 줄일 수 있도록 엄중하게 충고한다.

마음이 좁은 사람은 그 반대다. 질투심 때문에 상대방의 장점을 가로막는다. 또한 '상대방의 마음에 드는 행동만 함으로써 이득을 보고 싶다'는 욕심 때문에 상대방을 치켜세울 뿐 꼭 필요한 주의조차 하지 않는다.

안연 [顔淵] ■

君子成人之美. 不成人之惡. 小人反是.

군자성인지미하고 불성인지악하나니 소인은 반시니라.

리더의 통솔이란
자신을 정의롭게 하는 것이다

──────사람들을 이끈다는 것은 '자신을 정의롭게 하는 것'
이다. 리더가 바른 길을 걸으면 그 뒤를 따르는 사람들도 자연
히 바른 길을 향하게 된다. 구성원 모두가 리더를 본받아 정의
를 위해 행동하므로 집단은 확고하게 통합된다.

바꾸어 말해, 조직이 잘 통합되지 않는 까닭은 리더에게 정의로
운 마음이 부족하기 때문이다.

안연 [顔淵] ■

政者正也. 子帥以正, 孰敢不正.
정자는 정야이니, 자솔이정이면 숙감부정이리오.

127

책임을 지는 자세

───── 군자는 자기 신변의 일뿐만 아니라 세상에서 벌어지는 다양한 일 또한 자신과 무관하지 않다고 여긴다. 그래서 조금이라도 자신이 할 수 있는 일이 있다면 그를 위해 노력하는 것이 당연한 의무이고 인지상정이라 생각한다.

반면, 마음이 좁은 사람은 세상은커녕 자기 신변의 일조차 다른 사람에게 떠맡기고 모든 책임을 남에게 미룬다. 이런 사람이 일을 제대로 성사시킬 리 없다.

위령공 [衛靈公] ■

君子求諸己. 小人求諸人.
군자구제기요, 소인구제인이라.

전체가 사는 길을
모색한다

──────군자는 신의 편애를 받는 사람이 아니다. 군자 또한 어려움과 곤경에 처하는 경우가 있다. 그러나 그런 때일수록 군자는 군자다운 모습으로 대응한다.

마음이 좁고 어리석은 사람은 공황에 빠져 오로지 자신의 안위만을 위해 다른 사람에게 해를 끼친다. 그러나 군자는 냉정함을 잃지 않고 전체가 함께 살 수 있는 방법을 모색한다.

위령공 [衛靈公] ■

君子固窮. 小人窮斯濫矣.
군자고궁이오 소인궁사람의니라.

혼자만의 만족

――――모두가 만족하고 있을 때 리더 혼자서 불만을 느끼는 것은 잘못이다. 리더의 이기적인 불만에는 누구도 공감하지 않는다. 사람들이 불만을 느끼고 있을 때 리더 혼자만 만족하는 것도 좋지 않다. 리더만의 자기만족은 아무도 축복해 주지 않는다.

리더는 사람들의 대표이지만 사람들의 마음을 지배하는 사람은 아니다. 리더와 사람들의 마음이 일치하지 않으면 결코 건실한 집단이 될 수 없다.

안연 [顔淵] ■

百姓足, 君孰與不足. 百姓不足, 君孰與足.
백성족이면 군숙여부족이고 백성부족이면 군숙여족이라.

근본을 바로잡는
노력이 필요하다

————수많은 사람들이 모여 살다 보면, 자연히 크고 작은 다툼이 일어나기 마련이다. 그렇기에 다툼을 벌이는 이들의 사정을 듣고 중재해 줄 제도가 필요한 것이며, 그러한 중재와 판결을 공정하게 해낼 사람 또한 필요하다.

그러나 이 무엇보다 가장 절실히 이루어져야 할 것은, 싸움 그 자체를 없애려는 노력이다. 군자는 세상의 근본부터 바로잡는 것을 목표로 한다.

안연 [顔淵] ■

聽訟 吾猶人也. 必也使無訟乎.
청송이 오유인야나 필야사무송호인저.

이유 있는 차별

──────군자는 정말로 곤란한 상황에 처한 이에게는 동원 가능한 모든 도움을 아끼지 않는다. 그러나 충분히 풍족하고 부유함에도 불구하고 욕심 때문에 무언가를 바라는 사람에게는, 그가 아무리 머리를 숙여 간청할지라도 아무것도 내주지 않는다.

옹야 [雍也] ■

君子周急不繼富.

군자는 주급이오, 불계부니라.

군자의 실패,
악인의 실패

————사람은 누구나 실패를 경험한다. 군자 역시 실패할 때가 있다. 그러나 실패라고 모두 같은 것은 아니다. 실패는 사람의 마음에 따라 그 모습이 달라진다. 군자는 '군자다운 실패'를 하고, 악인은 '나쁜 사람이 아니고서는 할 수 없는 실패'를 한다. 누군가에게 속임을 당하더라도 군자는 배려 깊은 마음 때문에 속지만, 악인은 지나친 욕심 때문에 속는다.

그렇기에 실패한 사람을 모두 똑같이 비난하는 것은 정당한 평가가 아니다.

이인 [里仁] ■

人之過也, 各於其黨.
인지과야는 각어기당이니.

조화를 이루되
동화되지 않는다

———— 군자는 주위의 의견에 귀를 기울이고 함께 협력한다.
그렇지만 주변의 의견에 휩쓸려 자신의 신념을 잃는 일은 없다.
반면, 마음이 좁고 어리석은 사람은 주변의 분위기에 솔깃하여
너무도 쉽게 신념을 버린다. 그리고 상황이 악화되면 혹여나 피
해를 입을세라 재빨리 도망친다.

자로 [子路] ■

君子和而不同, 小人同而不和.
군자 화이부동하고 소인 동이불화니라.

말의 정체를
공정하게 판단한다

————군자는 화려하게 꾸민 말에 현혹되어 상대를 특별하게 대우하지 않는다. 아무리 듣기 좋은 말일지라도 그 속에 거짓이 있으면 직관적으로 간파한다. 또한 자신과 성격 혹은 사상이 맞지 않는다는 이유로 상대의 말을 무시하지도 않는다. 정의를 따르는 말이라면 누구의 말에도 귀를 기울인다.

이렇듯 군자는 말의 의미나 정체를 늘 공정하게 판단한다.

위령공 [衛靈公] ■

君子不以言擧人, 不以人廢言.
군자불이언거인하며 불이인폐언이니라.

군자란
열린 존재이다

──────군자는 하나의 쓰임새에 얽매여 작동하는 도구처럼 특정한 틀에 국한되는 사람이 아니다. 편협된 시선을 가지지 않고 두루 살피며, 상황에 따른 유연한 사고와 역할을 해내는 사람이다.

위정 [爲政] ■

君子不器.
군자는 불기니라.

사사로운 마음으로
차별하지 않는다

———— 군자는 모든 이를 공평하게 대하고 결코 사람을 차별하지 않는다. 설령 좋고 싫음은 있을지언정, 그것으로 사람을 차별하지 않는다.

마음이 좁은 사람은 좋고 싫음으로 사람을 차별한다. 그렇기에 모처럼 훌륭한 인재가 곁에 있어도 그를 잃어버린다.

위정 [爲政] ■

君子周而不比, 小人比而不周.
군자주이불비하고 소인비이불주하니라.

배움과 성장을
거듭하는 사람

————배움이 깊어지면, 신중함도 함께 깊어지기 때문에 함부로 자기주장을 하지 않는다. 한층 더 배우고 성장하면, 주위 사람들에게 '그는 절대 제멋대로 행동하지 않는다'는 신뢰를 얻는다. 그리고 또다시 배움과 성장을 거듭하면, '그에게는 무엇이든 솔직히 말할 수 있다'와 같은 안도감을 주어 모든 이가 마음을 열게 된다.

이처럼 타인에게 믿음과 안도감을 선사하는 사람이야말로 좋은 리더이다.

헌문 [憲問] ■

修己以敬. 修己以安人. 修己以安百姓.
수기이경이니라. 수기이안인이니라. 수기이안백성이니라.

138

정의를 쫓아
행동할 뿐이다

――――군자는 어떠한 일을 처리할 때, '반드시 이런 방법으로 해야 한다'는 집착을 갖지 않는다. 개인적인 감정을 내세워 '이런 방식은 절대 싫다'는 고집을 부리지도 않는다.

단지 정의에 따라 좋은 결과를 맺을 수 있는 적절한 방법을 취할 뿐이다.

이인 [里仁] ■

君子之於天下也, 無適也, 無莫也.
군자지어천하야에 무적야하며 무막야하야.

정의의 출발점

———— 리더가 효를 행하면 그것을 본 사람들의 마음에 저절로 정의가 움트고, 선량한 공동체가 형성된다. 부모를 공경하고 소중히 여기는 효의 마음이야말로 선善과 정의의 출발점이기 때문이다.

태백 [泰伯] ■

君子篤於親, 則民興於仁.
군자독어친이면 즉민흥어인하고.

행동은 대범하되,
머리는 냉정하다

─────── 문제가 발생했다는 급작스러운 통지를 받으면 자리를 박차고 신속히 사건 현장으로 달려가지만, 허둥거리며 실수하는 일은 없다. 사태가 긴급하면 긴급할수록 현장을 정확히 바라보고 냉정히 대처한다.

이것이 문제를 해결하는 현명한 리더의 모습이다.

옹야 [雍也] ■

君子可逝也, 不可陷也.
군자는 가서야언정 불가함야오.

141

지나친 증오는
또 다른 악을 낳는다

─────악인을 벌할 때 지나치게 노골적으로 증오를 드러내면, 그 사람은 뉘우치거나 고치기는커녕 오히려 반발하여 더욱 큰 악행을 저지를 수 있다.

악인에게 미움을 느끼는 것은 당연한 감정이므로 벌하는 사람이 그 같은 마음을 버릴 필요는 없다. 그러나 그 증오가 지나치게 깊어지지 않도록 억제하고 조절하는 노력 또한 필요하다.

태백 [泰伯] ■

人而不仁, 疾之已甚, 亂也.
인이불인을 질지이심이 난야니라.

142

무엇보다
배움이 중요하다

─────누구나 맛있는 음식을 배불리 먹고 좋은 집에서 살기를 원한다. 그것은 군자 또한 마찬가지다. 단, 군자는 그것을 최우선으로 바라지는 않는다.

맛있는 음식과 좋은 집을 얻기 위해서는 돈이 필요하다. 그러나 돈벌이에 몰두하다 보면 배움에 소홀해지고, 가장 중요한 마음의 성장을 이루지 못한다. 군자는 그것을 잘 알고 있다.

학이 [學而] ■

君子食無求飽, 居無求安.
군자식무구포하며 거무구안하며.

143

기술이 아닌
배려심이 필요하다

──────집단을 통솔하는 리더에게 필요한 것은 여러 가지 일
을 능수능란하게 처리할 수 있는 기술이 아니다.
사람을 올바르게 인도하는 데 가장 필요한 것은 기술이 아닌 배
려의 마음이다. 배려가 전해지면 사람은 자연히 올바른 삶으로
인도된다.

자한 [子罕] ■

君子多乎哉, 不多也.
군자다호재아 부다야니라.

수치스러운 영화

───── 정의가 사라진 세상에서 수많은 사람들이 괴로움을 겪을 때, 재물을 쌓고 높은 지위에 오른 사람은 마땅히 수치스러워 해야 한다. 이처럼 어지러운 시기에 쌓은 재산이나 지위는 세상의 혼란을 틈타 손에 넣은 '부정한 것'이기 때문이다.

태백 [泰伯] ■

邦無道, 富且貴焉, 恥也.
방무도에 부차귀언이면 치야니라.

145

정의를 버리지 않는다면

──── 빈곤한 가정에서 태어나 가난의 숙명을 벗기 위해 돈 벌이에 몰두하는 사람이 있다. 그렇다 할지라도 정의를 지키려는 마음을 버리지 않는다면, 돈벌이 역시 정의에서 크게 벗어나지 않는다. 그렇기에 악행으로 이어지지 않는다.

선진 [先進] ■

賜不受命而貨殖焉. 億則屢中.
사는 불수명이오 이화식언이나 억즉누중이니라.

146

군자의 대원칙

──────말한 것은 반드시 행동으로 옮긴다. 이것이 군자의 대원칙이다. 단 한 차례라도 이를 어기면 군자로서의 신뢰는 사라진다.

그렇기에 군자는 한 마디의 말이라도 소홀히 내뱉지 않으며, 무책임하고 경솔하게 일을 떠맡지 않는다.

자로 [子路] ■

言之必可行也. 君子於其言, 無所苟而已矣.
언지인댄 필가행야니 군자어기언에 무소구이이의니라.

약속을 지키는 자세

―――――소중한 누군가로부터 '지금 당신이 필요해'라는 부탁을 받으면 곧바로 달려가야 한다. 마차를 준비하는 데 조금이라도 시간이 지체된다면 두 발로 뛰어서라도 서두른다. 차후에 마차가 따라오면 그때 타고 가면 그만이다. '그렇다면 결국 처음부터 마차로 가는 것과 무엇이 다른가'라고 반문할지 모른다. 그러나 만약 마차가 시간에 맞춰 오지 못한다면, 그래서 소중한 이가 난처한 상황에 빠진다면 어찌할 것인가.

단 몇 퍼센트의 가능성일지라도 약속한 일을 더 확실히 완수할 수 있도록 최선을 다하는 것이 군자의 태도이다.

향당 [鄉黨] ■

君命召, 不俟駕行矣.
군명소시어든 불사가행의러시다.

좋은 리더란
인품을 신뢰할 수 있는 이다

————신뢰할 수 없는 상대에게 명령을 받으면 그것이 아무리 정당한 명령일지라도 순순히 따를 마음이 들지 않는다. 사람들이 따르는 좋은 리더란 이론이나 손익계산보다는 먼저 인품을 신뢰할 수 있는 사람이다.

자장 [子張] ■

未信則以爲厲己也.
미신즉이위려기야니라.

착한 사람

————누군가가 "착한 사람이란 어떤 사람입니까?"라고 물었다. 공자가 답했다.

"착한 사람이란 배우지 않고도 바탕이 선하며 깨끗한 사람이다. 단 정의에 관한 올바른 길을 제대로 배우지는 못하였기에, 자주성은 있지만 독단에 빠지기 쉽다. 그리고 이것이 지나치면 자신의 독선적인 정의를 다른 사람에게 강요할 수도 있다. 이것이 군자보다 못한 점이다."

선진 [先進] ■

問善人之道. 子曰, 不踐迹.
문선인지도한대 자왈, 불천적이나,

150

조화는 서로를 향한
존경심에서 비롯된다

──── 리더가 집단의 구성원을 지도할 때에는 예의로써 대해야 하며, 구성원 역시 리더가 이끄는 일이라면 충성을 다해 따라야 한다.

예의와 충성심은 상대방을 존경하는 마음에서 비롯된다. 누구의 입장이든 관계없이, 서로에 대한 존경이 수반되지 않는다면 진정한 협력은 이루어지지 않는다.

팔일 [八佾] ■

君使臣以禮, 臣事君以忠.
군사신이례하며 신사군이충이니라.

비판이 없는 집단은
필연적으로 쇠퇴한다

──── 리더가 제멋대로 행동하며 잘못을 저지르고 있음에
도 불구하고 리더의 권력이 두려워 아무도 비판하지 못한다면,
그 집단은 필연코 쇠퇴한다.

궁극적으로 '리더의 자리'는 집단의 행복을 위해 존재한다. 그런
데 그 권력을 남용하여 주위에 두려움을 안긴다면, 그는 처음부
터 리더의 자격이 없다.

자로 [子路] ■

如不善而莫之違也, 不幾乎一言而喪邦乎.
여불선이막지위야인댄 불기호일언이상방호잇가.

152

마음의 퇴보를
멈춰라

————군자는 항상 더 나아지고자, 더 나아가고자 하는 마음을 품고 있기에 매일 마음이 성장한다. 어리석은 이는 늘 편하게 살려는 생각밖에 하지 않기에 매일 마음이 퇴보한다. 이렇듯 군자와 어리석은 사람은 시간이 흐를수록 내면의 성장에서 차이가 두드러진다.

어리석은 사람은 한시라도 빨리 이러한 이치를 깨닫고 마음의 퇴보를 멈춰야 한다.

헌문 [憲問] ■

君子上達, 小人下達.
군자는 상달하고 소인은 하달이니라.

정의, 지혜, 용기를 품은 자

──────진정한 정의를 마음에 품은 자는 부정한 일에는 전혀 관계하지 않기에 거리낌이 없다. 진정한 지혜를 지닌 자는 어떠한 상황이라도 냉철하고 정확하게 판단할 수 있기에 의혹이 없다. 진정한 용기를 가진 자는 정의를 관철하는 것이 자신의 사명이라고 확신하기에, 아무리 큰 부정에도 두려워하지 않고 당당히 맞선다.

정의, 지혜, 용기 이 세 가지를 모두 지닐 때 군자라 할 수 있다.

헌문 [憲問] ■

仁者不憂. 知者不惑. 勇者不懼.

인자불우하고 지자불혹하며 용자불구니라.

154
억울한 불평이
없게 하라

──────하나의 집단은 몇 개의 작은 집단으로 이루어져 있다. 그리고 집단 전체의 리더라면 꼭 갖추어야 할 중요한 마음가짐이 있다. 그것은 일부 소집단의 리더로부터 '당신은 나를 차별하고 무시한다'라는 불평이 나오지 않도록 하는 것이다. 이를 위해서는 소집단을 이끄는 모든 리더의 말에 공평하게 귀를 기울여야 한다.

공평하지 못한 태도는 부분의 반발을 낳아 균열을 만들고, 머지않아 집단 전체를 무너뜨린다.

미자 [微子] ▪

不使大臣怨乎不以.
불사대신으로 원호불이하며.

실수, 그 이후의 태도

──────군자든 어리석은 사람이든, 누구나 살면서 실수를 한다. 다만 군자와 어리석은 사람은 잘못을 저지른 후의 대응에서 크나큰 차이를 보인다.

어리석은 사람은 실수를 변명하고 감추기에 급급하지만, 군자는 실수를 솔직히 인정하고 반성하며 그를 만회하기 위해 몇 배의 노력을 기울인다.

자장 [子張] ■

小人之過也必文.
소인지과야필문이니라.

자신의 직분에
최선을 다한다

───────자신이 책임진 자리를 벗어나 다른 일에 대해 이렇다 저렇다 지나치게 관여하는 것은, 월권일 뿐만 아니라 본인의 소임을 소홀히 하는 것과 같다. 집단은 그 구성원 하나하나가 주어진 자리에서 본분을 다할 때 하나로 통합되어 올바른 길로 나아간다. 그런데 여기서 능력에 벗어난 일을 무리하게 행하다 보면 불협화음이 생긴다.

그렇기에 군자는 자신이 맡은 자리에서 직분에 충실할 것을 가장 우선으로 여긴다.

헌문 [憲問] ■

君子思不出其位.
군자사불출기위니라.

다수의 목소리에
휩쓸리지 않는다

──────세상 사람 모두가 누군가를 비난하며 '저 사람은 나쁜 사람이다'라고 욕할지라도, 진정 그러한지 아닌지는 스스로 확인해야 한다. 세상 사람 모두가 누군가를 우러르며 '저 사람은 훌륭하다'고 칭찬해도 진정 그러한지 아닌지는 스스로 판단해야 한다. 이것이 군자의 태도이다.

군자는 세상의 목소리에 휩쓸리지 않고 스스로 진실을 알려는 자이다.

위령공 [衛靈公] ■

衆惡之必察焉, 衆好之必察焉.
중오지필찰언하며 중호지필찰언이니라.

158

실수를 통해서도
감명을 준다

―――군자는 실수를 해도 감추려고 하지 않는다. 그렇기
때문에 군자의 과실은 눈에 잘 띈다. 마치 일식과 월식이 일어
나면 누구나 그것을 알아채고 하늘의 모습에 놀라는 것과 같다.
또한 군자는 잘못을 당당하게 만회한다. 그리고 주위 사람들은
그 떳떳함과 성실함에 감탄한다.

이처럼 군자는 실패를 통해서도 많은 사람들에게 감명을 준다.

자장 [子張] ■

君子之過也, 如日月之食焉. 過也人皆見之, 更也人皆仰之.
군자지과야는 여일월지식언이라 과야에 인개견지하고 경야에 인개앙지니라.

가장 두려운 것은
자취를 남기지 못하는 것이다

──────군자는 눈앞의 이익이나 명성을 바라지 않는다. 다만, 평생 단 한 번도 사람들에게 도움이 되지 못하고 아무런 업적도 남기지 못함을 부끄러이 여긴다. 자신의 뜻이 아무에게도 전해지지 않고 생이 끝나버리면, 아무리 풍족한 생활을 누렸을지라도 그 삶을 후회한다.

위령공 [衛靈公] ■

君子 疾沒世而名不稱焉.
군자는 질몰세이명불칭언이니라.

맹목적으로
고집하지 않는다

―――――군자는 근본적인 정의와 믿음을 해치는 불의와는 절대 타협하는 법이 없으나, 사소한 약속이나 의리를 지킨다는 명분으로 융통성 없는 결단을 내리지는 않는다. 현실에 맞지 않은 일임에도 불구하고 '이미 정한 일이므로 강행한다'와 같은 맹목적인 고집은 피우지 않는다.

군자는 더 큰 정의와 공동체의 발전으로 나아가는 길이 무엇인지 잘 알고 있다.

위령공 [衛靈公] ■

君子貞而不諒.
군자정이불양이니라.

파란만장한 삼사십대

공자의 꿈은 젊은 시절부터 하나였다. 바로 나라를 위해 일하는 고급관리가 되는 것이었다. 그가 한결같이 면학에 전념한 것도 오로지 그 꿈을 위해서였다. 즉 공자는 결코 세속에 초연한 사람이 아니라 정치적 야심을 격렬히 불태우며 권력을 추구한 남자였다. 이렇게 말하면 그 동안 우리가 알고 있던 공자의 이미지와는 다소 차이가 있을지 모른다.

하지만 공자의 인생 주제는 어디까지나 '배려 깊고 질서로운 평화의 세계로 사람들을 이끄는 것'이었다. 그리고 끊임없이 공부한 끝에 내린 결론이 '배려를 완벽한 형태로 만든 것이 전통적인 예의범절'이라는 것이었다. 그렇기에 그에게는 예의범절을 사회에 널리 퍼뜨리는 것이야말로 정의였다. 그리고 그 정의를 실현하기 위해서는 사회를 직접 통치할 권력이 필요했던 것이다.

그러나 현실은 녹록치 않았다. 모자 가정에 대한 세상의 편견까지 더해져 그의 정계 진출은 쉽지 않았다. 삼십대가 되자 간신히 동방의 대국인 '제齊'나라에서 고급관리로의 취임 이야기가 들어왔다. 하지만 이것마저도 막판에는 취소되어 그는 맥없이 고향으로 돌아가야 했다미자[微子]편. 또 어떤 인물에게 높은 지위를 약속받아 초대된 적도 있었다. 하지만 그 인물이 폭력으로 권력을 탈취한 반란군의 수장이었기 때문에 이 역시 거절할 수밖에 없었다양화[陽貨]편.

삼사십대에는 그 같은 사건들만 이어져 공자는 몹시 괴롭고 애가 타는 날을 보내고 있었다. 하지만 젊은 시절부터 방대한 부분에 걸친 배움을 쌓아 왔기에 이 시기에 그의 학식과 교양은 높은 수준에 이르러 있었다.

결국 그는 중국 대륙에서 첫째, 둘째를 다투는 지식인으로 널리 알려졌다. 그의 명성을 들은 제자 지망생들이 대륙 곳곳에서 모여 들었으며 공자 문하는 굉장한 기세로 규모가 불어나기 시작했다. 제자가 가장 많을 때는 삼천 명에 이르기도 했다고 전해진다.

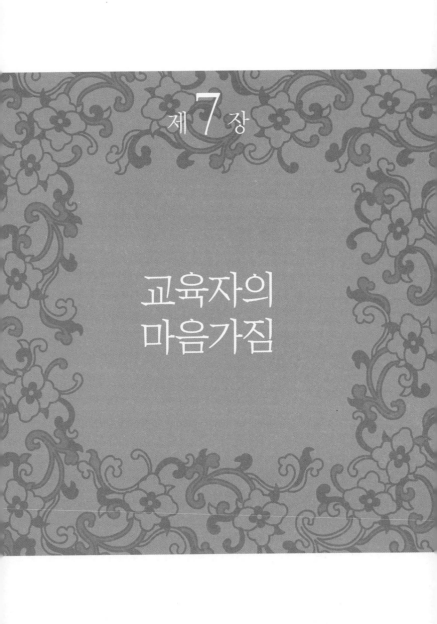

제 7 장

교육자의
마음가짐

教之教者

진심과 배려

───교사가 지녀야 할 마음가짐은 '진심忠'과 '배려恕' 두 가지로 대변된다. 즉 타인을 위해 할 수 있는 일을 성심껏 하고 타인의 기분을 헤아려 주는 것이다. 언제나 이 두 가지를 잊지 않는 한 누군가를 가르칠 자격이 있다.

이인 [里仁] ■

夫子之道, 忠恕而已矣.
부자지도는 충서이이의니라.

진실로 바른 길을
걷고 있다면

──────진실로 완벽한 정의를 따르고 있다면, 아무리 큰 집
단을 지도할지라도 무리될 것이 없다. 사람은 진정한 정의에는
반드시 이끌리기 때문이다.

자로 [子路] ■

苟正其身矣. 於從政乎何有.
구정기신의면 어종정호에 하유이며.

가르침에는 차별이
없게 한다

───────'이 사람은 허드렛일이나 하는 사람이므로 교육 받을 필요가 없다', '저 사람의 부모는 성질이 못되고 고약하기로 유명하므로 저 사람 역시 가르침을 받을 자격이 없다'라는 말은 교육의 참뜻과 정면으로 맞서는 말이다. 선천적으로 비천하거나 악한 사람은 없다. 배움에의 순수한 열정을 가지고 있다면 그것으로 교육받을 권리는 충분하다.

어떠한 경우에도 가르침에는 차별이 없어야 한다. 그것이 교육의 기본이다.

위령공 [衛靈公] ■

有敎無類.
유교면 무류니라.

164

자신을 가장 엄중히
경계한다

──────자신의 잘못은 엄격히 따지고 깊이 반성한다. 한편
다른 사람의 실수를 따질 때에는 사정을 잘 헤아려 보고 동정할
부분이 있다면 관대하게 감싸 준다. 이와 같이 행동하면 억울함
이나 원망을 호소하는 목소리가 줄고, 사람들 또한 그러한 미덕
을 본받는다.

위령공 [衛靈公] ■

躬自厚, 而薄責於人, 則遠怨矣.
궁자후하며 이박책어인이면 즉원원의니라.

165

배움을 열망하지
않는 자

──────'어떻게 하면 더 나은 나로 성장할 수 있을까, 세상에
나가 나의 신념과 기량을 펴려면 어떤 노력을 더 쏟아야 할까'.
자신과 세상의 미래에 대해 이와 같은 간절한 열망과 고민을 품
지 않는 자는, 아무리 훌륭한 교사가 이끌지라도 제대로 된 배
움에 눈뜰 수 없다.

교사의 역할은 배움을 열망하는 학생을 이끌어 주는 것이다. 배
울 마음이 없는 학생까지 지도할 수는 없다.

위령공 [衛靈公] ■

不曰如之何如之何者, 吾末如之何也已矣.
불왈여지하여지하자는 오말여지하야이의니라.

정직한 사람이 속한 집단은
점점 성숙해진다

──────곧은 심성을 지닌 사람을 교사로 뽑아 집단을 맡기면 그에 속한 구성원들도 점점 정직해진다. 그리고 그 와중에 정직하게 변화하지 않는 몇몇은, 주변에 퍼지는 정직함의 공기가 불편해져 스스로 집단을 떠나게 된다. 그로써 구성원들은 더욱 깊은 신뢰감으로 결속되어 성숙한 조직을 이루게 된다.

안연 [顔淵] ■

擧直錯諸枉, 能使枉者直.
거직조저왕이면 능사왕자직이니라.

167

정의와 배려로
인도하라

───────사람들을 지도할 때에는 정의와 배려를 근본에 두어야 한다. 이를 행하는 구체적인 방법은, 평소 생활에서 예의를 확실히 지키도록 가르치는 것이다. 그것만으로도 충분하다. 예로써 행동하다 보면 정의와 배려가 자연히 몸에 배어 나쁜 짓을 부끄럽게 여긴다. 그리하여 엄격한 제재나 징계 없이도 악행을 멀리하게 된다.

위정 [爲政] ■

道之以德, 齊之以禮, 有恥且格.
도지이덕하고 제지이례면 유치차격이니라.

대중은
곧은 사람을 따른다

─────많은 이들을 좋은 길로 인도하려면, 늘 바르고 곧게 사는 사람을 뽑아서 높은 자리에 앉혀야 한다. 그럼으로써 다른 일원들도 '이 사람이라면 납득할 수 있다'고 여기게 되며, 집단은 불평불만 없이 잘 통합된다.

위정 [爲政] ■

擧直錯諸枉, 則民服.
거직조저왕이면 즉민복이니라.

교육자의 마음가짐

─────한번 익힌 것은 잊어버리지 않도록 몇 번이고 복습한다. 배움에 식상하지 않고 끊임없이 정진한다. 그리고 이처럼 익힌 지식은 차후에 다른 이 또한 명확히 알 때까지 끈기 있게 가르친다.

이것이 교육자가 지녀야 할 마음가짐이다.

술이 [述而] ■

默而識之, 學而不厭, 誨人不倦.

묵이지지하고 학이불염하며 회인불권이니라.

170

누군가 배움을 청하면
성심으로 답한다

―――――무지한 사람이 하는 질문은 그 의미를 알 수 없는 경우가 많다. 그럴 때 나는 그 사람이 묻고 싶은 것이 무엇인지를 정확히 하기 위해 먼저, 그 사람의 마음을 낱낱이 파헤치듯 상세히 문답한다. 그리하여 질문의 내용이 어느 정도 명확해지면 그가 이해할 수 있도록 세심하게 답해 준다. 이를 되풀이하는 것이 교육이다.

자한 [子罕] ■

有鄙夫, 問於我, 空空如也, 我叩其兩端而竭焉.
유비부가 문어아하되 공공여야라도 아고기량단이갈언하노라.

171

가르친 후에
일을 맡긴다

──────제대로 훈련받지 않은 병사를 이끌고 전쟁을 시작하는 것은 병사들의 목숨을 버리는 것과 같다. 훈련을 받지 않은 병사가 치열한 전장에서 제대로 싸울 수 있을 리 없기 때문이다. 무슨 일이든 배움이 없는 상태에서 일을 시켜 실패한다면, 실패의 원인은 일을 행한 자가 아니라 일을 시킨 자에게 있다.

자로 [子路] ■

以不敎民戰, 是謂棄之.
이불교민전이면 시위기지니라.

과거만으로 현재와 미래를
판단하지 않는다

─────과거의 일로 현재와 미래를 섣불리 판단하는 것은 오판이며 집착이다. 사람이 어떻게 변할지는 누구도 장담할 수 없다.

그렇기에 '이 사람은 과거에 이러했으니 분명 나중에도 이런 사람으로 남을 것이다'라는 선입견은 옳지 않다. 하물며 다른 이에게 그러한 선입견을 강요하는 것 또한 잘못된 일이다.

술이 [述而] ■

不保其往也.
불보기왕야니라..

아는 것과 배우는 것

————이 세상에는 책의 도움이나 교사의 가르침 없이, 태어날 때부터 지닌 재능만으로 많은 것을 할 수 있는 사람이 있다. 이른바 천재라 불리는 사람이다.

그러나 천재가 아닐지라도 아쉬워하지 말라. 많은 것을 귀담아 듣고 그 가운데 합당한 것을 골라 따르며, 많은 것을 보고 그 가운데 좋은 것을 잘 기억해 둔다. 그리하면 천재가 아는 것과 다를 바 없다.

술이 [述而] ■

蓋有不知而作之者.
개유부지이작지자아.

174

기량을 헤아려
적절한 임무를 부여한다

———— 아무리 다양한 재주를 가진 사람일지라도 서투른 일과 단점이 있다. 여러 가지 일들을 해낼 수 있는 사람이라고 해서 그에게 무슨 일이든 맡겨 버리는 것은 바람직하지 않다. 그것은 단지 바쁘게 일만 시키는 것일 뿐, 그의 장점을 살리지는 못한다.

사람은 누구나 자신의 장점을 발휘할 수 있는 일을 맡아야 자신이 가진 역량을 펼치며 큰 성과를 거둘 수 있다.

미자 [微子] ■

無求備於一人.
무구비어일인이니라.

교육의 기본

─────가르침에 있어서 '어느 것은 중요하고 어느 것은 중요하지 않다'라고 판단하는 것은 어리석은 자의 생각이다. 모든 가르침에는 나름의 가치와 정의가 담겨 있다.

다만 상대의 역량을 고려하지 않고 갑작스럽게 난해한 내용을 가르치는 것은 경계해야 한다. 폭넓은 가르침을 전하되, 배우는 쪽의 수준에 맞추는 배려가 필요한 것이 교육이다. 갑자기 너무 높은 수준의 내용을 '배워'라고 강요하는 것은 교육이라 할 수 없다.

자장 [子張] ■

君子之道 焉可誣也.
군자지도 언가무야리오.

마지막까지 파란만장했던 인생

공자가 삼천여 명에 이르는 되는 제자를 거느리게 되자, 중국 대륙의 모든 사람들이 공자를 공경하며 학자이자 교육자로 받들어 모셨다. 하지만 그럼에도 불구하고 그는 정치가의 꿈을 버릴 수가 없었다. 정치가로서 나가기 위한 활동을 필사적으로 멈추지 않았던 그는, 마침내 고국인 노魯나라 가운데 큰 지역의 통치자로 취임할 수 있었다. 이때 공자의 나이는 52세. 너무나도 늦게 핀 인생이었다.

그는 정치적 수완이 뛰어나 그 지역을 실로 잘 다스렸다고 한다. 그러나 또 다시 큰 시련이 다가왔다. 꿈을 이룬 지 불과 4년 남짓 지났을 무렵 노나라에 큰 정변이 일어난 것이다. 그는 정적에게 쫓겨 어쩔 수 없이 국외로 도피하게 되었다. 그리고 14년에 걸친 방랑 생활이 시작되었다. 이 여행에 동행한 제자도 있었고 노나라에 남아 관리가 된 제자도 있었다. 이 무렵의 모습도 「논어」에 다수 실려 있다.

여행은 몹시 가혹했다. '광匡'이라는 거리에 들어섰을 때에는 도적 무리의 두목으로 오해받아 지역의 주민들에게 쫓겨 살해당할 위기에 몰리기도 했다자한[子罕]편. 또한 '진陳'나라를 방문했을 때에는 식량이 완전히 바닥나는 바람에 제자들과 아사 직전에 빠지기도 했다위령공[衛靈公]편.

그럼에도 불구하고 그는 제자들 앞에서 언제나 당당하게 행동하며 주위에 대한 배려와 유머를 잊지 않았다공야장[公冶長]편에 의하면 아주 조금은 불평을 했던 것 같다. 그는 적극적으로 신천지를 찾아 대륙의 이곳저곳을 돌아다녔다. 공자는 상당히 키가 크고 강건한 육체를 가졌다고 전해지는데, 그렇기 때문에 고령에도 불구하고 혹독한 여행을 견딜 수 있었던 것이다. 도적단의 두목으로 오해를 받은 것도 그 때문이었을지 모른다.

오랜 기간에 걸친 혹독한 방랑 여행이었지만 여행지에서 새로운 사관 자리를 찾지는 못했다. 방랑 생활로 완전히 지쳐버린 공자는 제자들의 도움으로 69세의 나이에 고국으로 돌아갈 수 있었다. 귀국 후 만년에는 가족들과 많은 제자들을 거느리며 고전 연구에 매진하며 시간을 보냈다. 그리고 향년 74세, 당시로서는 굉장한 장수를 누리고 생을 마감하였다. 숭고하지만 고난도 많았던 파란만장한 인생이었다.

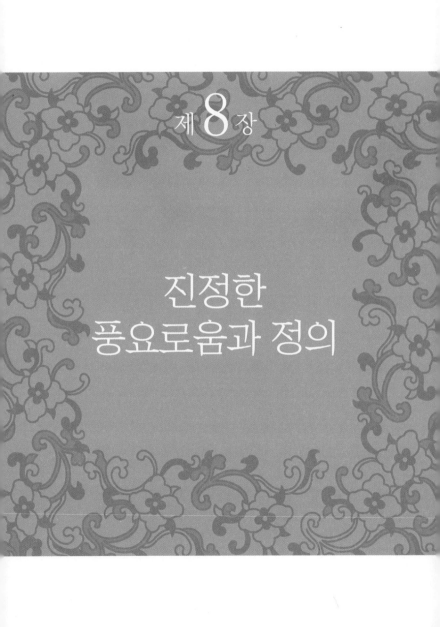

제8장

진정한
풍요로움과 정의

眞豐與正義

자신이 싫으면
남에게도 행하지 않는다

———누구나 지켜야 할 인생의 주제는 '서恕', 즉 배려다. 배려란 자신이 싫어하는 것은 타인에게도 행하지 않는다는 마음가짐이다.

위령공 [衛靈公] ■

其恕乎. 己所不欲, 勿施於人也.
기서호인저, 기소불욕을 물시어인야하라.

목숨과 맞바꿀지라도

──────── 정의를 관철하는 이는 비록 목숨이 위태로울지라도 결단코 나쁜 일에 가담하지 않는다. 오히려 자신의 삶과 맞바꿔서라도 정의를 관철한다. 그만한 각오가 있기에 아무리 힘든 역경에서도 정의를 버리지 않고 지켜낼 수 있다.

위령공 [衛靈公] ■

志士仁人, 無求生以害仁. 有殺身以成仁.

지사인인은 무구생이해인이요 유살신이성인이니라.

178

강건함과 단호함,
질박함과 겸허함

──── 첫째, 욕망에 지지 않는 강건한 이성을 가지고 있어야 한다. 둘째, 올바른 일이라면 망설임 없이 행하는 단호함이 있어야 한다. 셋째, 거짓이나 꾸밈없는 자기 본래의 모습으로 자리해 있어야 한다. 넷째, 자랑을 늘어놓으며 돋보이길 원하는 자만심이 없어야 한다.

이것이 정의로운 사람으로 성장할 수 있는 조건이다. 네 가지 조건 중에서 하나라도 온전히 익히기 위해 노력해야 한다.

자로 [子路] ■

剛毅木訥, 近仁.
강의목눌이 근인이니라.

자신만의 예의를
지키는 것에서 비롯된다

──────인내심을 잃으면 욕망이 흘러넘친다. 그 욕망을 내
버려 두면 주변을 오염시킬 뿐만 아니라 자신까지 파멸시켜 버
린다. 그렇기에 욕망에는 반드시 제동 장치를 걸어두어야 하며
그것이 바로 '예의'이다. 예의는 마음을 지탱하고 욕망을 억제
한다.

이것이 정의를 실행하는 것이다. 말하자면 정의는 자신만의 예
의를 먼저 지키는 것에서 비롯된다.

안연 [顔淵] ■

克己復禮爲仁.
극기복례위인이라.

하지 말아야 하는 것

──── 예의를 지키지 않는 사람의 행동은 보지 말아야 한다. 듣지도 말아야 한다. 예의에 어긋나는 것은 말하지도 말아야 하고 행하지도 않아야 한다. 이 네 가지의 '하지 않는 것'이 정의를 실현하는 가장 중요한 요소이다.

안연 [顔淵] ■

非禮勿視, 非禮勿聽, 非禮勿言, 非禮勿動.
비례물시하며 비례물청하며 비례물언하며 비례물동이니라.

지독한 목표

———정의의 실현을 인생의 목표로 삼는다는 것은 얼마나 무거운 짐을 지는 것과 같을까. 이런 결심을 죽을 때까지 지켜 내는 것은 얼마나 먼 길을 가는 것과 같을까. 정의란 어설픈 각 오로 지켜낼 수 있는 것이 아니다.

태백 [泰伯] ■

仁以爲己任, 不亦重乎. 死而後已, 不亦遠乎.
인이위기임이니 불역중호아. 사이후이니 불역원호아.

세상에 정의가
사라졌을 때

─────세상에 진정한 정의가 세워져 있으면 사람들은 어떠한 규칙이나 의무도 납득하고 따른다. 그렇기 때문에 비난과 비판의 소리가 불거지는 일은 없다.

즉 사람들로부터 나오는 비난의 목소리란, 세상에 정의가 사라졌음을 알리는 경종과도 같다.

계씨 [季氏] ■

天下有道, 則庶人不議.
천하유도면 즉서인이 불의하나니라.

쉼 없이
나아간다

──── 쉼 없이 흐르는 강을 바라보며 공자가 말했다.

"사람도 자연도, 이 세상의 모든 것이 이 강의 흐름과 같다. 낮이든 밤이든 한순간도 쉬지 않고 나아간다. 계속 같은 상태로 머물러 있는 것은 없다. 사람의 삶도 이처럼 앞을 향해 나아가는 것이 당연하다."

자한 [子罕] ■

子在川上曰, 逝者如斯夫. 不舍晝夜.
자재천상왈, 서자여사부인저 불사주야로다.

사람이 살아갈 곳은
인간 세상뿐이다

──────아무리 인간 세상이 싫어졌다 한들, 새나 짐승이 사는 세계에서 사람이 홀로 살아갈 수는 없다. 사람이 살아갈 곳은 오로지 인간 세상뿐이다.

그렇다면 결국 인간 세상을 좋아하는 수밖에 없다. 세상을 싫어하는 자신의 마음을 바꾸거나, 세상의 싫은 점을 없애고 살기 좋은 세상이 되도록 바꾸거나. 둘 가운데 올바른 길이 무엇인지 잘 생각해 보아야 한다.

미자 [微子] ■

鳥獸不可與同群也.
조수불가여동군이니라.

마음에 품은 뜻은
누구도 빼앗을 수 없다

──── 군의 수장은 군대의 병력에 의해 보호되는 존재이다.
그러므로 강력한 병력과 지략으로 그 군대를 무너트리면 적군
의 수장을 사로잡아 포로로 만들 수 있다.

하지만 한 사람이 가진 뜻이나 꿈은 누구도 빼앗지 못한다. 그
가 마음에 품은 뜻과 꿈은 다른 누군가에 의해 지켜지는 것이
아니라 자기 마음속에서 스스로 지키는 것이기 때문이다. 그리
고 사람은 자신의 소중한 것을 지킬 때 놀랄 만큼 강해질 수 있다.

자한 [子罕] ■

三軍可奪帥也. 匹夫不可奪志也.
삼군은 가탈수야어니와 필부는 불가탈지야니라.

넘침은 모자람과
다름 아니다

──── 열정은 무언가를 해내기 위한 에너지이다. 그렇기에 열정이 모자라면 무엇도 온전히 해낼 수 없다. 그러나 지나친 열정은 초조함을 불러오고 사실을 오인하게 함으로써 실패를 초래한다. 열정이 지나치면 성공의 장애가 되는 것이다.

인생에 부정적으로 작용한다는 의미에서 '넘침'은 '모자람'과 다름 아니다.

선진 [先進] ■

過猶不及也.
과유불급이니라.

삶도 아직 모르는데
죽음은 어찌 알 것인가

———— 인생의 의미는 그리 쉽게 알 수 있는 것이 아니다. 살아 있는 한 수많은 가능성이 끊임없이 펼쳐지는 것이 인생이다. 그렇기에 살아 있는 동안 '자신의 죽음'을 생각할 여유 따위는 없는 것이다.

선진 [先進] ■

日未知生, 焉知死.
왈미지생이면 언지사리오.

조상에 대한 감사와
전통에 대한 경의

――――조상의 혼을 기리는 행사와 전통문화가 소중하지 않다면 도대체 무엇이 소중한 것일까. 이것이야말로 소중히 지켜야 할 문화이다.

물론 이것이 어떠한 금전적 이익을 가져다주지는 않지만 그보다 더 중요한 의미가 있다. 우리가 끊임없이 조상에 대한 감사와 전통에 대한 경의를 지켜 나가는 것은, 역사와 세상을 잇는 것이며 자신의 정체성을 더욱 굳건히 다지는 일이다.

선진 [先進] ■

宗廟會同 非諸侯而何
종묘회동이 비제후이하오.

마음에서 마음으로
전해진다

─────당신이 단 하루라도 욕망을 억제하고 정의를 훌륭하
게 행하면 그것을 본 다른 사람들 또한 감동하여 나름의 정의를
하나씩 실천할 것이다. 그렇게 점점 정의가 퍼져 나가다 보면
이윽고 세상은 정의로 가득해진다.

정의는 한 사람만의 행동으로 끝나는 것이 아니다. 마음에서 마
음으로 전해진다.

안연 [顔淵] ■

一日克己復禮. 天下歸仁焉.
일일극기복례면 천하귀인언하나니.

생명에 대한 예의

—————사냥을 할 때에는 날고 있는 새는 노리되, 나뭇가지에서 쉬는 새는 노리지 말라. 자리에 앉은 새를 잡는 것이 더 수월하겠지만 그냥 놓아주어야 한다. 왜냐하면 새는 그 순간 잠시나마 마음의 평온을 누리고 있기 때문이다.

설사 적이라 할지라도 휴식을 취하는 동안에는 공격하지 않는 것이 최소한의 인지상정이고 생명에 대한 예의이다.

술이 [述而] ■

弋不射宿.
익불석숙이러시다.

191

정의를
실현하는 모습

─────누군가는 정의를 관철함으로써 삶의 평온함과 충만
함을 느끼기에 정의를 추구하지만, 다른 누군가는 정의를 따르
면 여러 이로움을 얻을 수 있기에 정의를 추구한다. 이상적인
것은 전자이지만 후자 역시 그 행동은 정의를 따르기에 나쁜 것
은 아니다.

이인 [里仁] ■

仁者安仁, 知者利仁.
인자는 안인하고 지자는 이인이니라.

본성을 꿰뚫어 보는 사람

──────어질고 정의로운 자는 사람의 본성을 바르게 꿰뚫어 본다. 편견을 갖지 않기 때문에 무엇에도 현혹되지 않고 공정한 평가를 내린다. 그렇기에 존경해야 할 사람을 올바르게 존경하고 비판해야 할 사람을 분명히 비판한다.

이인 [里仁] ■

惟仁者能好人, 能惡人.

유인자는 능호인하고 능오인이니라.

진실로 곁에 있는 듯
추모한다

──────세상을 먼저 떠난 누군가를 기릴 때에는 그가 진실로 곁에 있는 듯이 추모하라. 그 같은 마음가짐으로 그를 생각할 때 진정 정성을 다할 수 있다.

무엇보다 중요한 것은 진심이 담긴 사람의 마음이다.

팔일 [八佾] ■

祭如在.
제여재러시다.

하늘에 죄를 지으면
빌 곳이 없다

———근본적인 정의를 거스르는 '죄'임을 알고도 저지른 죄
는 자신의 양심까지도 등진 죄이다.

이 죄를 저지른 사람은 어떤 신에게 기도를 할지라도 구원받지
못한다. 모든 신은 정의의 하늘 아래에서 사람들을 지켜보고 있
기 때문이다.

팔일 [八佾] ■

獲罪於天, 無所禱也.
획죄어천이면 무소도야니라.

신을 공경하되
현실의 생활에 충실한다

————종교와 관계없이 모든 신에게는 존경의 마음을 가져
야 한다. 자신과 상관 없는 종교일지라도 신자의 신앙심을 존중
하며 부정하지 않는다.

단, 신을 공경하되 지나치게 의존하는 것은 경계해야 한다. 신
을 모시며 마음의 위안은 얻되 현실의 생활에 충실한 것이 바로
지혜로운 삶이다.

옹야 [雍也] ■

敬鬼神而遠之, 可謂知矣.
경귀신이원지면 가위지의니라.

196

폭넓게 뜻을 익히고
일상으로부터 구한다

──────다양하고 풍부한 지식을 머리에 새겨 넣었으면, 그
것을 극히 평범한 일상의 문제와 직결하여 생각해 보아야 한다.
그렇게 배우고 익힌 것이야말로 마음을 성장시키는 양식으로
승화할 수 있다. 아무리 난해한 이론이나 방대한 지식을 익혔을
지라도 '나는 특별하다'고 자만하며 현실과 거리를 두면 존경받
는 사람이 될 수 없다.

자장 [子張] ■

博學而篤志, 切問而近思, 仁在其中矣.
박학이독지하고 절문이근사면 인재기중의니라.

세상을 위한 정의

─────온 주변에 정의가 사라져 버렸을 때 정의를 세우기 위해 무조건 세상과 대립하는 것은 현명하지 않다. 마음속 정의는 굳건히 다지되 훗날의 도모를 위해 잠시 침묵하며 기다린다면 분명 같은 뜻을 가진 동료가 나타날 것이다. 그때가 오면 힘을 모아 다시 세상에 정의를 세워야 한다.

마지막까지 지켜야 할 것은 자기 혼자만의 정의가 아닌 전체의 행복을 위한 정의여야 한다.

헌문 [憲問] ■

邦無道 危行言孫.
방무도엔 위행언손이니라.

본질을 논의하라

──────여러 사람이 모여서 논의할 때 모두가 자신의 손익에만 집착하여 '애당초 무엇이 올바른 것인가'라는 근본, 즉 정의를 언급하지 않으면 아무런 성과도 기대할 수 없다. '정의를 위한 자기희생'을 각오하지 않으면 어떠한 토론도 결코 건실한 결론에 도달하지 못한다.

위령공 [衛靈公] ■

群居終日, 言不及義, 好行小慧, 難矣哉.
군거종일에 언불급의요 호행소혜면 난의재라.

내 입장에 비추어
타인의 행복을 구한다

──── 정의는 자신이 아닌 타인의 행복을 위해 행동하는 것이다. 자신이 좋아하는 일을 타인에게 양보하고, 자신이 이루고자 하는 것을 다른 이가 이룰 수 있도록 밀어주는 것이다. 그로 인해 더 많은 사람들이 행복해질 수 있다면 누구의 공이 되어도 상관이 없다.

이처럼 생각하는 사람이 정의를 실현할 수 있는 사람이다.

옹야 [雍也] ■

仁者己欲立而立人, 己欲達而達人.
인자는 기욕립이립인하며 기욕달이달인이니라.

처음의 미덕

───── 모든 일은 시간이 흐르고 진보함에 따라 정교해진다. 그리고 시작할 때의 투박함과 거친 느낌은 서서히 희석되어 사라진다. 그러나 만약 나에게 시작할 무렵의 투박함과 진보에 의한 정교함 가운데 어느 하나를 선택하라 한다면, 나는 전자를 고를 것이다.

무슨 일이든 처음의 열정이 가장 뜨겁고 에너지 넘친다. 거칠고 조잡하지만 미래를 향한 기대와 순수함이 가득 차 있다.

선진 [先進] ▇

從先進.
종선진이라.

생의 마지막에
바라는 위안

─────죽을 때는 그저 내 명령에 복종하는 수많은 부하들에 게 둘러싸여 죽기보다, 나를 사랑하는 소수의 친구들이 지켜보 는 가운데 마지막을 맞고 싶다. 나와 마음의 끈이 연결된 사람이 이 세상에 남아 있다면 마음을 놓고 홀가분히 떠날 수 있을 것 이다.

자한 [子罕] ■

予與其死於臣之手也, 無寧死於二三子之手乎.
여여기사어신지수야론 무녕사어이삼자지수호아.

문화가 증명하는 것

─────이 세상을 창조한 하늘이 '이 세상에 인간의 문화 따위는 필요 없다'고 했다면 인간의 문화는 사라지고 우리는 선조로부터 어떤 것도 물려받지 못했을 것이다.

그러나 지금 우리는 이렇게 전통문화가 녹아 든 세상 속에서 살아가고 있다. 즉 우리의 생활 그 자체가 '인간의 문화는 하늘로부터 인정받은 올바른 것'임을 증명하고 있다.

자한 [子罕] ■

天之將喪斯文也, 後死者不得與於斯文也.
천지장상사문야인댄 후사자가 부득여어사문야어니와,

맺음말

「논어」를 쉽게 읽고 차분히 음미하고 싶다. 이 책의 일본어판 편집자가 처음 내게 한 말이었다. '그래, 분명 많은 현대인들도 그걸 바라고 있을 거야. 그렇다면 그런 책을 만들어 보자'고 결심했다. 그리고 이 책이 완성되었다.

아무리 훌륭한 고전이라도 그것을 쉽게 즐길 수 없다면 의미가 없다. 사람들에게 읽히지 않는 고전은 단지 과거의 유물에 불과하다. 현대인은 현대인으로서 고전을 즐길 권리가 있다. 그리고 그것이 「논어」만큼 훌륭한 고전이라면 더욱 그러하다. 이 책을 통해 많은 독자들이 「논어」를 즐길 수 있다면 필자로서는 더할 나위 없는 기쁨일 것이다.

나가오 다케시

지은이

나가오 다케시 長尾 剛

도쿄 출생으로 동양대학 대학원을
수료했다. 논픽션 작가이자 역사
작가이며 일본사, 일본문학, 유교,
불교, 심리학 등 인문과학 장르를
알기 쉽고 흥미롭게 집필하기로 정
평이 나 있다. 다양한 고전문학을
독창적으로 번역하여 저술하였으
며, 아동서도 다수 집필하였다. 최
근에는 한국, 중국, 대만 등 아시아
전역에서 저서가 출간되고 있다.

超譯 논어의 말

3판 1쇄 | 2022년 9월 13일
3판 4쇄 | 2024년 12월 9일
지 은 이 | 나가오 다케시
옮 긴 이 | 유 가 영
발 행 인 | 김 인 태
발 행 처 | 삼호미디어
등   록 | 1993년 10월 12일 제21-494호
주   소 | 서울특별시 서초구 강남대로 545-21 거림빌딩 4층
          www.samhomedia.com
전   화 | (02)544-9456
팩   스 | (02)512-3593

ISBN 978-89-7849-665-0 (03100)